Pour l'amour
de mon pimp...

De l'auteur Guillaume Corbeil

Tu iras la chercher, Éditions Leméac, 2014.
Nous voir nous, Éditions Leméac, 2014.
Brassard, Éditions Libre Expression, 2010.
Pleurer comme dans les films, Éditions Leméac, 2009.
L'Art de la fugue, Éditions l'Instant même, 2008.

JOSÉE MENSALES
DIANE VEILLETTE
ET
GUILLAUME
CORBEIL

Pour l'amour de mon pimp...

Six survivantes de la prostitution se racontent

Catalogage avant publication de Bibliothèque et Archives nationales du Québec et Bibliothèque et Archives Canada

Mensales, Josée, 1978-
    Pour l'amour de mon pimp… : six survivantes de la prostitution se racontent
    Comprend des références bibliographiques.
    ISBN 978-2-89562-515-5

    1. Prostituées - Québec (Province) - Montréal - Biographies. 2. Prostitution - Québec (Province) - Montréal. I. Veillette, Diane, 1963- . II. Corbeil, Guillaume, 1980- . III. Titre.

HQ150.M6M46 2015   306.74'2092271428   C2014-942786-7

Édition : Nadine Lauzon
Collaboration au texte : Guillaume Corbeil
Révision linguistique et correction d'épreuves : Marie Pigeon Labrecque, Gervaise Delmas
Couverture et grille graphique intérieure : Chantal Boyer
Mise en pages : Annie Courtemanche

Remerciements
Nous reconnaissons l'aide financière du gouvernement du Canada par l'entremise du Fonds du livre du Canada pour nos activités d'édition.
Gouvernement du Québec – Programme de crédit d'impôt pour l'édition de livres – gestion SODEC.

Tous droits de traduction et d'adaptation réservés; toute reproduction d'un extrait quelconque de ce livre par quelque procédé que ce soit, et notamment par photocopie ou microfilm, est strictement interdite sans l'autorisation écrite de l'éditeur.

© Les Éditions Publistar, 2015

Les Éditions Publistar
Groupe Librex inc.
Une société de Québecor Média
La Tourelle
1055, boul. René-Lévesque Est
Bureau 300
Montréal (Québec) H2L 4S5
Tél. : 514 849-5259
Téléc. : 514 849-1388
www.edpublistar.com

Dépôt légal – Bibliothèque et Archives nationales du Québec et Bibliothèque et Archives Canada, 2015

ISBN : 978-2-89562-515-5

Distribution au Canada
Messageries ADP inc.
2315, rue de la Province
Longueuil (Québec) J4G 1G4
Tél. : 450 640-1234
Sans frais : 1 800 771-3022
www.messageries-adp.com

Diffusion hors Canada
Interforum
Immeuble Paryseine
3, allée de la Seine
F-94854 Ivry-sur-Seine Cedex
Tél. : 33 (0)1 49 59 10 10
www.interforum.fr

Sommaire

Préface 9
Avant-propos 13

Mégane 19
Maman d'une victime 35
Cindy 39
Cindy, ma fille 55
Cindy et le travail des intervenants
    du Centre jeunesse de Montréal 59
Marie-Michelle 67
Les événements traumatiques 87
Mia 91
Le cheminement de Mia, raconté
    par un intervenant 109
L'histoire de Mia est aussi celle
    de plusieurs jeunes femmes 115
Chantal 119
Valérie 133
Les CAVAC 149
Nous, les policiers 153
La loi et toi 157

Remerciements 165

Préface

Cet ouvrage se présente comme une composition à plusieurs voix : celles de Mégane, Cindy, Marie-Michelle, Mia, Chantal et Valérie – six jeunes femmes survivantes de la prostitution –, de deux mères de victimes, de policiers, d'intervenants, d'avocates et d'une psychologue. Il manque cependant une voix, celle des producteurs de prostitution : les « clients », ces hommes consommateurs de prostitution ; ceux haineux des femmes, violents et criminels ; ceux pédophiles, incestueux, violeurs ; ceux dont on ne parle pas assez ; ceux qui reçoivent des sentences insuffisantes pour la gravité de leurs délits ; ceux qui, trop souvent, sont protégés dans leurs familles par un silence conspirateur. Par le choix délibéré de ne pas diluer ni réduire un tant soit peu leur « précieuse » parole, je ne retiendrai ici que celles des six survivantes.

Cette suite de mots que l'on appelle le récit de vie n'est pas une parole ordinaire. Se raconter fait courir à la personne qui l'entreprend un certain nombre de dangers obscurs, et met sa vie en jeu en dévoilant le privé et l'intime de sa propre histoire. Il y a aussi dans le fait de se raconter une recherche de lumière pouvant permettre d'en dénouer le fil conducteur. La parole libère lorsqu'elle peut s'exprimer.

La vie des autres est une énigme. La vie des personnes qui en sont venues à se prostituer l'est plus encore, ce qui appelle une réponse agissante, un engagement, car la grande vertu de cette parole est de révéler la vérité. La prostitution est un SYSTÈME MARCHAND, UN SYSTÈME COMMERCIAL où le client crée la demande, où le/la proxénète suscite la demande en la stimulant, où la marchandise est un enfant, fillette ou garçon, une adolescente, un jeune homme, une femme, un transgenre, dans une société qui tolère et banalise la prostitution. Mégane, Cindy, Marie-Michelle, Mia, Chantal et Valérie ont été vendues, réduites à de la marchandise sexuelle.

Malgré mes quatorze années de travail quotidien avec des femmes qui en sont venues à se prostituer, des femmes que nous accompagnons à travers les processus de sortie de la prostitution et de réinsertion sociale, j'ai été profondément bouleversée par leurs récits, choquée, révoltée de tant de misère humaine faite à des enfants, des fillettes, des jeunes femmes, ici, chez nous, au Québec. Pas en Inde, ni en Orient, ni en Afrique ou ailleurs, CHEZ NOUS ! Je ne m'habitue pas à ces récits, on ne peut pas s'y habituer. S'y habituer serait tolérer un comportement pire que celui des animaux, qui ne font jamais ce mal à leurs petits. N'importe qui ne peut pas se prostituer, et on ne se prostitue pas non plus du jour au lendemain. Quelque chose précède le basculement dans la prostitution. Il n'y a pas d'histoires heureuses qui conduisent à se prostituer.

Lisez de tout votre cœur les récits de ces femmes. Laissez-vous toucher par elles : ce sont nos filles, nos sœurs, nos enfants ! Dans les mêmes conditions, aurions-nous été différentes ? La réponse est NON, parce qu'un poids différentiel existe entre les conditions personnelles, familiales et sociales qui poussent vers la prostitution, et ce poids est plus puissant que les forces d'une petite fille, d'une enfant, d'une adolescente non préparées à vivre une vie d'adulte. Toutes ces histoires sont différentes, mais elles ont toutes quelque chose en commun : ces jeunes filles n'ont pas encore eu le temps de faire les apprentissages indispensables à l'autonomie, à l'usage de la liberté ; elles sont carencées à tous les niveaux. Aucune n'est armée pour la vie qu'elle doit affronter ; même un adulte ne pourrait y parvenir. Toutes ont vu leur processus de croissance interrompu par ces événements, toutes ont été assaillies comme des proies, et à répétition, dans leur vie sexuelle, toutes en portent les marques sur leur corps, dans leur esprit, dans leur être profond. Celles-ci ont survécu, mais combien d'autres en sont mortes ? Elles nous montrent que s'il est facile d'entrer dans la prostitution, il est autrement plus difficile d'en sortir, et que s'il est possible de quitter la prostitution, cela ne signifie pas que la personne en soit véritablement sortie, le plus difficile et le plus douloureux restant à faire : sortir la prostitution de soi ! Cette mémoire traumatique appelle à une guérison pour que se poursuive la vie.

Parce que la prostitution existe depuis des siècles, nous croyons la connaître. En vérité, nous en sommes ignorants, pétris de préjugés et de fausses croyances à son égard. Entre hier et aujourd'hui, la prostitution a évolué. Elle s'est étendue, s'est accrue, est devenue un marché international florissant : L'INDUSTRIE DU SEXE ! Alors qu'hier elle se faisait discrète, elle est aujourd'hui associée à la liberté, au plaisir, proposée par les puissants lobbys de cette industrie comme LE modèle de la libération sexuelle.

Albert Einstein a dit : « Le monde est dangereux à vivre, non pas tant à cause de ceux qui font le mal, mais à cause de ceux qui regardent faire le mal » (sans réagir). Après la lecture de ces récits, vous connaissez la nature tragique et destructrice de la prostitution. Vous ne pouvez plus la regarder et la laisser aller comme si elle était banale ou anodine.

Que soit ici remercié le programme *Les Survivantes*, une innovation sociale majeure du SPVM, et que soient saluées Josée Mensales et Diane Veillette, coauteures de cet ouvrage et maîtres d'œuvre du contenu, qui entraînent la mutation des approches policières en matière de prostitution et qui, plus encore, redonnent vie et espoir aux survivantes de la pire infamie qui soit.

Rose Dufour, anthropologue
Janvier 2015

Avant-propos

Une nouvelle approche…

Les Survivantes – SPVM, ce sont des femmes qui ont eu le courage de se libérer de l'emprise de proxénètes qui abusaient d'elles et qui ont décidé de partager leur expérience avec des policiers, des intervenants du milieu et des victimes potentielles d'exploitation sexuelle.

Les Survivantes – SPVM, c'est aussi un programme mis sur pied en 2010 par des agents du Service de police de la Ville de Montréal (SPVM) par lequel des milliers de policiers et d'intervenants ont été sensibilisés à la dure réalité du milieu de la prostitution. Les témoignages saisissants de ces survivantes permettent de mieux comprendre le phénomène de l'exploitation sexuelle et de faire tomber les tabous et les préjugés.

En écoutant celles-ci raconter leur histoire, les policiers qui ont été rencontrés comprennent davantage ces femmes qu'ils côtoient au quotidien.

Ils sont ainsi mieux formés et outillés pour intervenir auprès d'elles.

Avec le programme *Les Survivantes – SPVM*, nous avons réorienté nos façons de faire afin de privilégier une nouvelle approche beaucoup plus complète et adaptée : les personnes prostituées ne sont plus perçues comme des criminelles, mais comme des victimes. Notre devoir est de protéger et de soutenir ces femmes vulnérables et leur famille.

Il est aussi nécessaire de savoir que notre objectif n'est pas forcément de les amener à porter plainte contre leur exploiteur, mais plutôt de leur offrir notre soutien et de les épauler dans leurs démarches. Peu importe leurs intentions.

Toutefois, c'est du travail des survivantes auprès de victimes et de femmes vulnérables que nous sommes le plus fiers. En racontant leur histoire, de la même façon qu'elles vous la racontent dans ce livre, les survivantes créent une complicité et un lien de confiance avec leur interlocuteur. Celui-ci devient une personne qui les comprend, qui ne les juge pas et qui représente l'espoir. Ces échanges permettent ainsi de prendre conscience de la situation inacceptable dans laquelle la victime se trouve. Tranquillement, elle réalise qu'en acceptant l'aide du SPVM et celle de partenaires exceptionnels tels que les centres jeunesse, Jeunesse au Soleil ou le Centre d'aide aux victimes d'actes criminels (CAVAC), elle peut se sortir du milieu, se réapproprier sa vie et rebâtir son estime de soi.

Les témoignages de ces femmes sont précieux parce qu'ils bouleversent les clichés voulant que les personnes prostituées choisissent le travail du sexe. Souvent, la prostitution, ce n'est pas un choix, c'est plutôt un manque de choix.

Voici donc l'histoire de six survivantes qui ont eu le courage de se raconter.

Diane Veillette et Josée Mensales, agentes
Coordonnatrices du programme *Les Survivantes*
Service de police de la Ville de Montréal

Avis important

Tu n'es pas seule!

Si tu te sens concernée ou interpellée par l'une de ces histoires, sache qu'il est possible d'obtenir de l'aide. Même lorsque tout semble noir et sans issue, il y a toujours une solution.

Le premier pas est toujours le plus difficile. Après, nous serons là, avec toi, et nous ferons tout en notre pouvoir pour que tu cesses de seulement survivre... pour que tu vives enfin!

Diane Veillette et Josée Mensales, agentes
Coordonnatrices du programme *Les Survivantes*
Service de police de la Ville de Montréal

Mégane

La carrière

L'histoire que je vais raconter, mes parents ne la connaissent pas. Je n'utiliserai pas le prénom qu'ils m'ont donné, mais celui que j'employais avec mes clients. Je suis leur premier enfant, alors je ne veux pas briser l'image qu'ils se sont faite de moi. Ils ne me jugeraient pas : ils sont très ouverts d'esprit, très instruits... Mais ça leur briserait le cœur. Et je les aime trop pour ça.

Je ne suis pas la personne prostituée typique : je ne viens pas d'un milieu pauvre ni d'une famille dysfonctionnelle, je n'ai pas été battue ni violée durant mon enfance, on ne m'a jamais agressée... J'ai été élevée par mes deux parents, j'ai étudié dans un collège privé, j'ai obtenu mon diplôme d'études secondaires avec des notes qui m'auraient permis de devenir médecin.

Comme plusieurs jeunes, à quatorze ans, je commence à consommer de la drogue dans les ruelles derrière l'école : du *pot*, du hasch, des buvards, puis le courant m'emporte et je passe près de me noyer. À l'exception de ce qui s'injecte avec une seringue – j'ai une peur bleue des aiguilles –, j'essaye tout. Quand j'y repense aujourd'hui, je me dis que cette peur m'a sans doute sauvé la vie.

Au bout de mes folles nuits de consommation, je me réveille souvent à l'hôpital. En ouvrant les yeux, j'essaie d'assembler le puzzle et de reconstituer la chronologie des événements qui m'ont fait atterrir ici : j'ai pris de la drogue, beaucoup, encore plus, puis... rien. Le noir. J'ai des bleus sur les genoux, sur les coudes, j'ai dû m'évanouir quelque part. Je me traite de conne en souriant. Au fond, ça ne me fait rien pantoute, même que ça me fait plus rire qu'autre chose. Après tout, je suis jeune et on a une seule vie à vivre. Mieux vaut y aller la pédale dans le fond.

Je me dis ça jusqu'au jour où, dans une autre chambre d'hôpital où je me réveille, j'entends des voix. Tout à coup, c'est moins drôle. Je saisis l'infirmière par le poignet.

— Est-ce que la drogue m'a rendue schizophrène ?

— On va le savoir demain matin.

J'avale un somnifère, le plus fort possible. Pour la première fois de ma vie, la peur m'envahit. Je veux déjà être demain pour en avoir le cœur net. Dix heures plus tard, quand je rouvre les yeux, les voix se sont tues et je me promets de ne plus toucher à rien.

Après avoir reçu mon congé de l'hôpital, je me trouve un emploi dans un magasin de vêtements – je voudrais mener quelque chose comme une vie normale. Me ranger.

Le temps passe et l'été arrive. Parce que c'est la haute saison et que le magasin est bondé de clients, mon patron me demande de travailler jusqu'à quatre-vingts heures par semaine, mais il ne m'en paye que quarante – il me remettra ça en temps et lieu, qu'il me dit, et moi, j'acquiesce : je suis une bonne petite fille. Tous les soirs, je rentre fatiguée morte, et un matin, au bout du rouleau, je ne suis pas capable de me lever.

Je passe mes journées couchée sur le dos, les yeux fixés au plafond, et je me laisserais dériver pendant des mois si ce n'était du loyer à payer, de la facture de cellulaire, celle de l'électricité, l'épicerie... J'ai besoin d'argent, et vite. Mais je ne me sens pas en mesure de retourner travailler : j'y laisserais ma peau.

J'ouvre le journal et je lis les petites annonces. Il y a sûrement quelque chose, quelque part, qui serait plus approprié pour moi : une job plus payante et moins fatigante... Évidemment, ça n'existe pas, que je me dis, jusqu'à ce que je tombe sur la section de l'industrie du sexe. Les salaires annoncés sont vraiment alléchants, en travaillant une journée par semaine je pourrais rembourser mes dettes et payer mes factures. Je n'ai jamais travaillé en petite tenue, mais ça ne m'énerve pas plus qu'il le faut. En consommant autant de drogues, j'ai défié les limites de ce qui est socialement acceptable. En plus, je suis à l'aise avec mon corps et j'ai toujours eu confiance en moi. Je vais gagner de l'argent, et beaucoup, c'est tout ce qui compte. Je me fous du regard des autres.

Je téléphone. Au bout du fil, un homme me donne rendez-vous. Dès que je le vois, je sais que je ne veux pas avoir affaire à lui. Quelque chose dans son œil ne m'inspire pas confiance et j'exige qu'il m'envoie quelqu'un d'autre. Il s'appelle Joe et, des années plus tard, quand Marie-Michelle[1] me racontera son histoire, je me rendrai compte que mon instinct ne m'a pas trompée. Je serais peut-être morte aujourd'hui.

Joe me confie donc à son associé, on va dire qu'il s'appelle Frank, j'ai trop la chienne pour dire son vrai nom. Durant l'entrevue, il m'informe qu'il s'occupe aussi de danseuses. Pour moi, ce n'est pas pire de me trémousser autour d'un poteau que de faire des massages à moitié nue. Et si c'est plus payant, pourquoi pas ?

— Si j'aime pas ça, je peux arrêter, hein ?
— Évidemment.

Frank comprend tout de suite ma motivation : je suis là pour l'argent, et pour l'argent seulement. Il n'aura pas besoin de me traiter comme une princesse pour combler un quelconque manque…

Il me propose de travailler dans les bars à gaffes. Dans un bar de danseuses normal, le client paye un certain montant par chanson et c'est tout ce que tu gagnes. Là, s'il veut une pipe, un complet ou n'importe quel autre service sexuel, il faudrait qu'il m'en donne beaucoup plus. Le calcul est simple : en trois chansons dans un bar à gaffes, je gagnerais plus d'argent que dans une journée de travail complète dans un bar *straight*.

Frank me donne des vêtements, des petites culottes et des souliers à plate-forme et, le lendemain, il m'emmène dans un bar de L'Île-Perrot. Je mesure cinq pieds et pèse à peine cent livres, j'ai de petites mains et les cheveux blonds. Le portier me dévisage.

— C'est-tu tes vraies cartes, ça ?

---

[1]. Voir l'histoire de Marie-Michelle, p. 67.

— J'ai-tu l'air d'une petite fille à sa maman qui ferait une fugue ?

Il me sourit et me laisse entrer. J'ai toujours eu du chien.

Dans le vestiaire, les autres filles me regardent de travers du haut de leurs immenses seins. Plusieurs me narguent en me disant que je ramasserai les pédophiles. C'est une idée qui me hantera pendant longtemps.

Je vais me changer dans les toilettes : je ne veux pas que les autres danseuses me voient en petite culotte blanche de femme normale, c'est une image qui m'appartient. J'inspire profondément, je traverse les rideaux et m'enfonce dans le *club*. Je ne me sens pas à ma place : je veux disparaître, mais j'ai trop besoin d'argent pour partir en courant. Et je sens que je dois quelque chose à Frank. Il faut que je sourie, que je lance des regards doux, que je montre que je suis bien dans ma peau : il ne faudrait surtout pas que les clients pensent que je n'aime pas mon métier.

Sur le plancher, je ne dois pas être belle à voir : je suis incapable de marcher avec les souliers à plateforme. Quand vient le temps de danser, je m'accroche au poteau et me démène comme je le peux, les deux pieds coulés dans le béton. Ma maladresse doit avoir un certain charme parce que je sors de là avec une liasse de billets de banque épaisse comme ça.

On ne fait pas ce métier-là pour se faire des amies : toutes les filles vendent le même produit, elles se battent pour les mêmes clients. C'est une guerre de territoire. Il faut que je m'impose. Heureusement, je n'ai jamais eu la langue dans ma poche. Avec l'argent que je gagne, je peux payer mes deux mois de loyer en retard, mes dettes et je refais ma garde-robe. L'argent n'est plus un problème. C'est tellement payant que je continue quelques semaines, quelques mois… Quand les clients se font moins nombreux, Frank m'emmène dans un autre bar, où nous restons tant et aussi longtemps que les affaires vont bien. À la blague, Frank qualifie mon travail de service à la clientèle et, plus je satisfais de clients, plus je devrais être fière de moi, qu'il me dit. Ce qui est terrible, c'est que je finis par y croire – je ne travaille plus pour l'argent, je travaille pour la satisfaction d'avoir été «performante». Un soir, je pisse dans le sac à main d'une nouvelle pour lui signifier qu'elle n'est pas la bienvenue, que les clients sont à moi.

Frank me traite relativement bien. Si je suis malade, je l'appelle et il s'occupe de moi. Rien à voir avec ce que je vois et entends des autres *pimps*. S'il fallait qu'il lève la main sur moi, je ne sais pas ce que je lui ferais. Oui, il m'intimide, mais je suis trop fière : je ne me laisserais pas faire. Un soir, il me crie après et je lui rappelle que l'argent qu'il a dans les poches vient du fait que *je suce des graines*, ça fait qu'il est mieux de me parler comme du monde. Il baisse les yeux et, le lendemain, il s'excuse.

Lui et moi sommes des partenaires d'affaires. Chaque soir, je dois lui remettre la moitié de l'argent que j'ai gagné. Lui, il s'occupe de la gestion. Mes amis me conseillent de mettre des sous de côté : avec mes économies, je pourrais voyager ou m'acheter une maison. Après tout, je n'envisage sûrement pas de faire de la prostitution toute ma vie. La vérité, c'est que les billets de banque me brûlent les doigts : je les ai à peine gagnés qu'il faut que je les dépense, et vite. Comme si je voulais m'en débarrasser. Je paye des tournées dans les bars, je gâte mes amies en les invitant au restaurant, je leur fais des petits cadeaux... Aussi, il faut que je paye la coiffeuse, l'esthéticienne, que je m'achète des vêtements, du maquillage, des condoms, des lingettes pour me nettoyer, des douches vaginales pour prévenir les infections, du Canesten quand je n'y arrive pas... Sans compter le chauffeur qui m'emmène au *club* tous les soirs, le service au bar... Je me retrouve avec 100 % des dépenses, mais 50 % des revenus... En y repensant, je ne suis pas certaine que ce soit une si bonne affaire que ça...

Un soir, dans un *club*, j'essaye de me faufiler jusqu'au bar quand la foule se referme sur moi. Tous ces corps qui suent et s'agitent, la musique, les voix... je ne m'entends plus respirer. Je voudrais crier, mais aucun son ne sort de ma bouche. Je me traîne jusqu'à la porte et, arrivée dehors, je monte dans un taxi et demande qu'on me conduise à l'hôpital. J'ai des sueurs froides, je peine à respirer et je ne comprends pas ce qui se passe ni comment faire pour que ça s'arrête.

Les médecins m'informent que j'ai souffert d'un épisode d'agoraphobie et d'une crise de panique. Je reste à l'hôpital pendant deux jours, blanche comme un drap, les mains qui tremblent.

Il est hors de question que je retourne travailler dans les *clubs* – je ne suis même plus capable de faire mon épicerie toute seule. Frank me propose de devenir escorte : je verrai un homme à la fois et j'aurai le droit de refuser ceux qui ne m'inspirent pas.

Dans ce type de travail, il y a trois forfaits qui sont offerts au client. Le *basic*, c'est pratiquement hygiénique : il te baise, éjacule et c'est tout. Le *girlfriend experience* : tu le traites comme si lui et toi formiez un couple, tu l'appelles « mon amour », tu manges avec lui, tu lui fais couler un bain... Et le *pornstar* :

eh bien, il fait ce qu'il veut de toi. Et comme tu es la fille la plus cochonne de la terre, ou en tout cas parce qu'il te paye pour l'être, tu *adores* ça.

Certains clients font appel à tes services parce qu'ils manquent d'affection, par exemple des hommes dont la femme est décédée et qui ont besoin de compagnie. Il y a aussi des femmes qui veulent essayer une expérience lesbienne avant de faire un *trip* à trois avec leur chum. Quand elles t'ouvrent la porte, tu le vois tout de suite : elles sont nerveuses, rient, se jugent... Souvent, tu finis par passer l'heure à jaser avec elles et ça ne te dérange pas : elles t'ont déjà payée et c'est toujours agréable. Parce que, en réalité, dans ta journée, la majorité des hommes avec qui tu couches puent et ne sont pas beaux. Parfois, il faut même que tu soulèves leur bedaine pour trouver leur pénis. Ils suent, gémissent au-dessus de toi et sont convaincus que tu adores ce qu'ils te font, que tu jouis vraiment. Tu finis par avoir une cassette : tu ouvres la bouche et en sortent des cris comme on en entend dans les films de cul. À la longue, tu ne sens plus rien. Tu dresses ta liste d'épicerie et tu penses à la paire de chaussures que tu veux t'acheter avec l'argent que tu es en train de gagner, là, pendant que tu te fais sauter. Tu te déconnectes de ton corps : tu le laisses là, entre les mains d'un autre pendant une heure, puis tu le retrouves. Le problème, c'est que, à la longue, il te devient de plus en plus étranger et tu n'arrives plus à te reconnecter avec lui. Quand tu te regardes dans le miroir, tu ne te reconnais pas. Tu dis : « Est-ce que c'est moi, elle ? »

Le soir, après mes journées de travail, je perds mon temps sur Internet. Je bois une bière tranquillement et je discute avec plein de gens sur les sites de rencontre. Avec tout ce que je vis, je cherche surtout des amis, pas un chum. Mais un jour, je m'attache à un gars. Nous nous parlons régulièrement et je finis par l'inviter à boire un verre chez moi. Les mois qui suivent, nous passons pratiquement toutes nos nuits ensemble. Je fais du neuf à cinq et, en me moquant de moi-même, je lui raconte que je travaille dans le service à la clientèle. Quand il me pose des questions sur le type de service que je donne et sur la sorte de clientèle à laquelle je l'offre, je m'empresse de changer de sujet.

Plus ça devient sérieux entre lui et moi, plus je m'en veux de lui mentir. Je mène une double vie, ce qui nous prive de toute intimité. Il m'appelle par mon vrai prénom, mais ce n'est pas vraiment à moi qu'il s'adresse. Je suis devenue aussi étrangère à la maison que dans la prostitution. Aussi étrangère pour les autres que pour moi. Je ne suis plus personne.

Un jour, parce qu'il se doute de quelque chose, il me dit que ça ne le dérangerait pas de sortir avec une danseuse.

— Pis avec une escorte ?
— Pourquoi tu me dis ça ?
— ...
— Es-tu en train de me dire que c'est ça que tu fais ?
— ...

Il part en claquant la porte.

Je braille ma vie. Il faut que je sorte de ce milieu-là, et au plus vite : il est la seule personne qui compte vraiment pour moi, la bouée qui me sauve de la noyade, je ne veux pas le perdre. Le jour même, je donne rendez-vous à Frank et lui annonce que j'arrête tout. Il a toujours été gentil avec moi, je suis convaincue qu'il me prendra dans ses bras et me souhaitera la meilleure des chances dans mes nouveaux projets. Il m'apprend plutôt que ça lui a coûté 2 000 dollars pour m'acheter à Joe, le *pimp* pour lequel j'ai refusé de travailler au début ; il faut aussi que je lui rembourse les vêtements et les chambres d'hôtel qu'il a payés – 5 000 dollars, et le compte est bon.

Je mets les bouchées doubles pour arriver à mon objectif le plus vite possible. Mais quand j'ai amassé la somme nécessaire, d'autres montants se sont ajoutés. Je fais des demandes pour obtenir toutes les cartes de crédit possibles et je m'endette considérablement : je lui achète tout ce qu'il veut, ce n'est toujours pas suffisant. Normal qu'il ne veuille pas me perdre : en voulant en sortir, je suis devenue la fille la plus productive de l'industrie du sexe !

J'accumule les dettes et, quand je lui dis que je lui ai donné suffisamment d'argent, il me parle de mes sœurs ; il me demande tout bonnement de leurs nouvelles, et si tout se passe bien pour elles dans leur maison, et il décline leurs adresses. J'ai tout à coup très peur. Je peux vivre avec l'idée qu'il me fasse du mal, mais s'il fallait qu'il touche à mes petites sœurs à cause de mes choix, je ne me le pardonnerais jamais...

Pour entrer dans la prostitution, je n'ai eu qu'à répondre à une petite annonce dans le journal. Pour en sortir, il faudra peut-être que ma photo finisse sur la page d'à côté, dans la chronique nécrologique.

De retour chez moi, je verrouille la porte et j'appelle la police. J'ai le cœur qui bat à tout rompre, je ne sais pas ce que je suis en train de faire.

Deux agentes se présentent chez moi. Je leur raconte tout : que je suis une personne prostituée, que j'ai un *pimp*, que je veux m'en sortir... Elles me demandent des preuves, mais je n'en ai pas : pas de contrat, pas de caméra cachée, rien. Elles me regardent de haut, et leurs gestes trahissent leur mépris envers moi. Déjà que je me sens dégueulasse : mon chum m'a quittée parce que je suis une pute, elles m'enfoncent encore plus creux. Elles partent et je me retrouve seule.

Le pire, c'est que c'étaient des femmes ! Elles auraient dû être les premières à comprendre mon enfer. Si des gars m'avaient traitée de cette façon-là, j'aurais serré les dents et appelé le 911. Mais si des femmes ne me comprenaient pas, qui le ferait ? Je me souviens encore de leurs visages. Si un jour je les croise dans la rue, je leur cracherai dessus. Combien de filles sont mortes après ne pas avoir été prises au sérieux ?

Quelques jours plus tard, on cogne à ma porte : c'est mon chum, blanc comme un drap. Il est parti sur une dérape depuis que je lui ai annoncé que je travaille comme escorte. Je ne sais pas trop quelle drogue il a prise, mais il me regarde étrangement. Je l'invite à venir s'asseoir dans le salon, je lui sers un verre d'eau.

Nous discutons pendant plusieurs heures et il finit par rester avec moi toute la nuit. Le lendemain matin, il me serre dans ses bras. Dans son moment de panique, c'est vers moi qu'il est venu. Ça veut dire quelque chose, non ?

— Qu'est-ce que ça veut dire ?
— Que je t'aime.

Désormais, quand je rentre le soir, je saute dans la douche pour qu'il ne sente pas sur moi l'odeur des autres hommes. Il ne veut pas entendre parler de ma journée : qui voudrait savoir avec combien d'hommes sa blonde a couché ?

Avant, je me moquais de ce qui aurait pu m'arriver. Tous les matins, je partais travailler avec l'impression d'aller me tuer un peu plus. D'une certaine façon, j'avais accepté la mort; je savais que ça ne pourrait pas durer éternellement, si bien que plus rien n'avait d'importance. Il y a maintenant quelqu'un d'autre dans l'équation. Quelqu'un que j'aime. La vie retrouve un sens, j'en ai assez de creuser ma tombe.

Un matin, il me prépare le petit-déjeuner, puis il m'invite à faire une promenade: aujourd'hui, je ne vais pas travailler, qu'il me dit. L'idée me séduit. Nous passons par les petites rues, nous parlons, nous rions… Je lève la tête et ferme les yeux, le soleil réchauffe mon visage. Quand je les rouvre, nous nous trouvons devant un poste de police.

— Tu sors pas de là tant et aussi longtemps que quelqu'un t'aura pas prise au sérieux.

Je reste figée un instant avant de me mettre en marche vers l'entrée. J'espère presque pouvoir me sauver par la porte d'en arrière.

À la policière au comptoir, je répète mon histoire sans trop y croire: je me prostitue et mon *pimp* refuse de me laisser partir, bla, bla, bla… J'ai à peine terminé ma phrase qu'elle m'indique que je serai prise en charge par l'équipe du centre d'enquête, où je continuerai ma déclaration sur vidéo. Je n'en reviens pas, quelqu'un s'occupe de moi! Personne ne me fait sentir comme une prostituée. Grâce à la façon dont on me regarde, je sais que je suis une personne. Je dis «je sais», mais je crois qu'il serait plus juste de dire qu'on me le rappelle.

En me voyant sortir du poste quelques minutes plus tard, mon chum croit sans doute que je me suis contentée du strict minimum et que, encore une fois, rien ne changera. Il se précipite vers moi d'un pas décidé.

— Tu retournes en dedans, pis tout de suite ! Tu vas parler à tous les policiers du poste s'il le faut !

Quand il remarque que je suis accompagnée par deux policières, il comprend que je ne me sauve pas. Je lui fais signe de la main, le sourire aux lèvres.

— On se revoit ce soir, mon amour !

L'enregistrement de mon témoignage constitue une première preuve, mais pour étoffer le dossier, le détective me demande d'appeler mon proxénète et de le faire parler. Quand je l'ai au bout du fil, peut-être parce que Frank se doute de quelque chose, il me demande si j'ai parlé à la police. Trois policiers me regardent droit dans les yeux et je dois avoir l'air naturelle.

— Voyons, pourquoi j'aurais fait ça ? Tu sais ben que je les *haïs*, les *osties* de cochons !

Il me donne rendez-vous pour que je lui remette la moitié de l'argent que j'ai gagné la veille. Et, comme si ce n'était pas assez comme preuve, il me rappelle tout ce qu'il m'a imposé et ce qui pourrait m'arriver si je ne respecte pas ma part du marché.

Il est arrêté le soir même.

⁂

Alors que la date du procès approche, j'ai peur que son avocat s'attaque à ma crédibilité. Après tout, c'est moi qui suis allée vers Frank, moi qui ai choisi la prostitution... Qu'on le veuille ou non, le préjugé selon lequel les filles aiment exercer ce métier-là existe ; on commence à peine à nous considérer non pas comme des criminelles, mais comme des victimes. Je suis entrée dans la prostitution de mon plein gré, c'est vrai, mais on ne m'a pas laissée en sortir.

Au tribunal, Frank plaide coupable à tous les chefs d'accusation, dont ceux de proxénétisme, de menaces, d'extorsion et d'intimidation.

Maintenant que tout ça est derrière moi, j'y repense et je me rends compte que j'ai été chanceuse : je n'ai pas contracté de maladies, je ne suis pas tombée enceinte d'un client, je n'ai jamais été agressée... je suis vivante ! C'est plus entre les deux oreilles que je garde des séquelles. Mon nom ne se trouve toujours pas dans l'annuaire téléphonique ; il n'y a aucune information personnelle à propos de moi sur Internet. Au restaurant, je veux toujours faire face à la salle, pour être certaine que personne ne puisse me surprendre par-derrière. J'ai l'impression que Frank pourrait surgir de nulle part, essayer de revenir dans ma vie ou simplement se venger en me poignardant dans le dos. Il m'arrive de croiser quelqu'un qui lui ressemble et j'en ai pour une journée ou deux avant de m'en remettre. Pendant des années, j'ai regardé derrière moi en marchant dans la rue.

À cause de tout ce que mon proxénète m'a obligée à lui acheter, je devais beaucoup d'argent aux compagnies de crédit. J'aurais pu aller en cour, après tout, j'ai été reconnue comme étant victime d'extorsion, mais la procédure judiciaire m'aurait coûté plus d'argent que les sommes en jeu. Je n'arrivais pas à rembourser mes dettes et j'ai dû déclarer faillite. Au moment de raconter mon histoire, je suis enceinte et, même si je travaille quarante heures par semaine comme gérante dans un commerce, un emploi dont je suis très fière, je ne peux pas m'acheter de maison. J'aurais beau vouloir retrouver une vie de bonne petite fille, je n'en aurai jamais les moyens. C'est un club dont il est facile de sortir et dans lequel il est difficile d'être réadmis...

Ma relation avec mon conjoint a gagné en solidité. J'ai encore beaucoup de difficultés à profiter de nos relations sexuelles. J'ai beau me répéter : je ne suis pas forcée de coucher avec lui, c'est moi qui le veux, c'est par amour... il reste un blocage. Ça fait six ans que nous sommes ensemble et il y a encore des choses qu'il ne peut pas me faire. Et il ne le pourra sans doute jamais. Mon corps se souvient. Et il a une bonne mémoire, le *crisse* !

Mon amoureux m'a dit un jour que j'étais la meilleure chose qui lui était arrivée. C'est pareil pour moi. Je suis entrée dans la prostitution à cause de l'argent, j'en suis sortie grâce à l'amour. Il m'a sauvé la vie.

Depuis que je suis sortie du milieu, avec le programme des *Survivantes – SPVM*, les policiers me font quelquefois rencontrer des jeunes filles qui se dirigent vers la prostitution. Si je peux en aider une, j'ai le sentiment du devoir accompli. Quand ils m'informent qu'une autre est retournée vers son proxénète, ça m'attriste. Non, ça m'enrage ! Dans la vie, la seule chose qui t'appartient, c'est ton corps. Ne le vends pas. Tu n'es pas un produit de consommation. Si mes cicatrices peuvent servir à le faire comprendre à ces jeunes femmes, mes blessures n'auront pas été vaines. J'essaie de veiller sur elles. Comme un phare, pour empêcher d'autres naufrages.

Une échographie m'a récemment révélé que j'attendais une petite fille. Si un jour elle se dirige vers le milieu de la prostitution, est-ce que je saurai le reconnaître ? Ce qui est sûr, c'est que je vais lui apprendre à se respecter et, s'il le faut, je vais m'asseoir avec elle et lui raconter l'histoire que vous venez de lire. Et cette fois-ci, je ne me cacherai pas derrière un pseudonyme. Ce sera l'histoire de sa maman.

Maman d'une victime

Mon histoire est la même que celle de beaucoup de parents québécois. Je n'ai pas terminé de souffrir : ma fille se trouve toujours entre les mains d'un proxénète. Elle est persuadée qu'il s'agit de l'homme de sa vie, bien qu'il passe ses journées à vendre de la drogue et à exploiter d'autres jeunes filles.

C'est pour venir en aide à tous les parents qui croient qu'ils sont seuls à vivre une telle tragédie que j'ai accepté de raconter mon histoire.

※

Tout a débuté par un changement de comportement. Alex s'absentait régulièrement de la maison. Nous trouvions cela inquiétant et perturbant, mais elle avait dix-sept ans et, comme tout bon parent, nous nous disions que c'était une phase, que c'était normal : nous avons tous été ados. Alex avait du caractère, elle était un peu rebelle, mais très intelligente. Ça passerait...

Elle a commencé à nous parler d'un copain, prénommé Ramon. Nous aurions aimé le rencontrer, mais il était trop gêné, nous disait-elle. Nous surveillions les allées et venues de notre fille un peu sournoisement. Heureusement pour nous, elle n'a jamais été bonne menteuse.

L'été suivant sa première année au collège, Alex nous a annoncé que Ramon avait été arrêté et envoyé en prison. Il avait commis un vol, mais selon elle, il ne fallait pas nous inquiéter outre mesure. Nous lui faisions confiance, mais à partir de ce moment-là, tout a déboulé : elle a abandonné l'école pour travailler dans une boutique, nous ne trouvions plus nos cartes de crédit et l'argent laissé sur la table de cuisine disparaissait. Aussi, sa façon de s'habiller avait changé. Nous avons même trouvé des photos d'elle dénudée... Une tension grandissait entre elle et nous.

À nouveau libre, Ramon se montrait violent envers Alex, autant physiquement que verbalement. Nous n'étions pas témoins de ces épisodes, mais nous pouvions voir les ecchymoses qu'elle essayait de cacher avec du maquillage. Un jour, nous avons surpris une conversation téléphonique entre elle et lui. Elle pleurait. Il souhaitait rompre avec elle... à moins qu'elle lui donne une certaine somme d'argent ! C'est à ce moment que nous avons découvert que notre fille était victime d'exploitation sexuelle.

*
**

Personne n'est à l'abri de tels actes, même en étant à l'aise financièrement ou privilégié socialement. Si vous reconnaissez votre fille dans les comportements décrits dans ce livre, je m'adresse à vous : il y a de l'espoir, ne vous découragez pas. Malheureusement pour nous, parents, les proxénètes sont des magiciens de l'amour. Ils se servent des sentiments des jeunes filles pour exiger qu'elles se prostituent ou dansent, voire volent leurs parents et amis : elles doivent acheter leur amour.

Malgré nos menaces, nos crises, nos pleurs et nos punitions, Alex n'a jamais cessé de le voir. Elle venait d'avoir dix-huit ans. Légalement, elle était devenue une adulte – il n'y avait rien que nous puissions faire, sinon la mettre hors de notre maison.

***

Un an a passé et Ramon est retourné en prison – cette fois-ci, il était condamné pour dix-huit mois. Alex continuait de le visiter et elle lui donnait encore plus d'argent. De notre côté, nous étions sans ressources et surtout apeurés : nous craignions que nos amis, nos collègues et la famille découvrent la triste vérité à propos de notre fille, qu'ils la jugent ou se moquent d'elle. Malgré tout, nous continuions de l'aimer : nous voulions la protéger.

Puis un ami nous a parlé du programme *Les Survivantes*, lancé par le SPVM. Il était mené par deux femmes extraordinaires : Josée et Diane. Elles comprenaient comment notre fille se sentait et comment son proxénète était parvenu à la manipuler. Elles nous ont aidés à garder l'équilibre entre nos vies professionnelles, notre couple et notre noyau familial, mais surtout, elles nous ont donné les outils pour maintenir une certaine complicité avec notre fille et nous faire réaliser qu'elle n'était pas une criminelle, mais une victime.

Les reproches n'étaient pas la meilleure façon d'aider notre fille. Doucement, j'ai soulevé les incohérences de son mode de vie et essayé de l'amener à en prendre conscience. Notre fille avait besoin d'amour, comme toutes les jeunes filles victimes de ce milieu, et plus nous lui en donnions, moins l'emprise de son proxénète sur elle était grande.

***

Aujourd'hui, Alex va à l'université, mais elle reste persuadée que Ramon l'aime d'un amour fou, qu'il vend de la drogue et des filles uniquement pour rembourser les dettes qu'il a contractées en prison et que, bientôt, il mènera une vie normale et s'occupera d'elle.

Nous ne comprenons toujours pas comment une jeune femme si intelligente a pu s'attacher à un homme comme lui. Nous essayons de ne pas juger la faiblesse de son cœur et, en attendant, nous veillons sur elle.

Tous les jours, nous nous attendons au pire, mais nous refusons de perdre espoir.

La maman d'Alex

Cindy

La beauté

Je suis la tempête – partout où je passe, je crée le désordre. Je suis encore une enfant quand mon père quitte la maison. Ma mère fait ce qu'elle peut comme mère de famille monoparentale, mais je suis incontrôlable, une vraie petite peste : je mange sans arrêt, je prends de la place et je fais tous les mauvais coups imaginables. Quand j'essaie de reprendre contact avec mon père, il m'informe qu'il ne veut pas me voir. Je reste avec quelque chose de pris au travers de la gorge et mon comportement empire. Un jour, le directeur de mon école secondaire informe ma mère qu'il est désolé, mais il n'a plus le choix : il faut qu'il me mette à la porte.

Je perds tous mes amis et mes repères. Dans l'établissement où je poursuis mon éducation, les cliques sont déjà formées et il m'est impossible de m'intégrer. Je reste dans mon coin, adossée à la clôture, et je regarde tout le monde avec mépris, les bras croisés. Un matin, la cloche sonne et, plutôt que de rentrer en classe, je sors tout bonnement de la cour d'école pour aller me promener en ville.

Dans les rues de Laval, je rencontre un garçon affilié à un gang, c'est un vrai *bum*. L'idée que quelqu'un puisse être pire que moi me plaît et je tombe amoureuse de lui : il va me protéger. Il me quitte peu de temps après et je me mets à boire. Peut-être que c'est pour l'oublier, peut-être que j'ai besoin de m'enfoncer plus profondément, je ne sais pas, mais je suis impossible à arrêter. J'ai à peine seize ans et, tous les matins, je vais me soûler la gueule.

Parce qu'elle n'en peut plus de me voir me saboter, ma mère demande de l'aide à la DPJ, qui me place en centre jeunesse. On me gardera trente jours, le temps de m'évaluer et de m'enseigner les outils nécessaires pour réintégrer la société. Le plus dur, pour moi, c'est de ne pas boire.

Les intervenants croient que le problème vient de ma relation avec ma mère. Beaucoup de filles dérapent par manque d'amour, ce n'est pas mon cas : ma mère a toujours considéré ses filles comme le centre de son univers. Elle a deux emplois et dort à peine cinq heures par jour pour arriver à joindre les deux bouts, et elle trouve le moyen d'être disponible pour nous. Je lui dois la vie, et pas seulement parce qu'elle me l'a donnée à la naissance !

Les autres jeunes du centre passent pour des anges à côté de moi. Les trente jours que doit durer mon évaluation sont passés, les éducateurs concluent qu'il faudra me garder plus longtemps : je resterai donc ici jusqu'à ce que j'aie dix-huit ans. Ça me semble tellement loin.

Au centre, je croise beaucoup de filles victimes de violence conjugale. Je les dévisage à la cafétéria :

je les trouve pathétiques. Je suis quelqu'un de très fier et je ne comprends pas les gens qui se laissent malmener de la sorte. Et par amour en plus ? À un moment donné, tiens-toi droit et *crisse ton camp*, ce n'est pas plus compliqué que ça !

Les filles les plus sensibles m'évitent, je les fais parfois pleurer. Je me fais quand même une amie, elle s'appelle Audrey et, avec elle, je me sens libre de m'ouvrir. Nous ne nous ressemblons pas du tout : chaque fois que je fais un mauvais coup, elle me regarde avec des yeux qui me font comprendre qu'elle est découragée. Au fond, elle n'est pas plus sage que moi, mais elle fait un effort. Je sais qu'elle a la ferme intention de sortir d'ici et de mettre sa vie sur les rails. Elle est écœurée de vivre dans un monde de voyous.

Six mois avant de devenir majeure, je n'en peux plus et je supplie ma mère qu'elle signe les papiers pour me ramener à la maison. Elle constate tout de suite que je suis à bout et, par amour, elle accepte. Je retrouve ma chambre avec bonheur, la maison sent la même chose qu'avant.

Je ne le sais pas encore, mais je vais me casser les dents. Et pas à peu près.

Quelque temps après ma sortie du centre, je rencontre un homme. Il s'appelle Stéphane, il est dans la fin de la vingtaine et je le trouve très laid : il a l'air méchant et son visage est traversé par une longue cicatrice. Je dois par contre avouer qu'il est charismatique. Au téléphone, sa voix sonne comme celle d'un animateur de radio. Tous les soirs, il m'appelle à 18 heures et nous ne raccrochons pas avant le lendemain matin. Il m'écoute comme personne ne m'a jamais écoutée. Rapidement, il devient mon amoureux.

J'aime avec autant d'intensité que je vis. Je serais prête à tout pour lui. Quand il me propose de faire équipe et d'aller échanger de faux billets de banque dans les magasins du centre-ville, j'accepte sur-le-champ. Il m'explique que les commerçants se méfieraient de voir arriver un Noir géant et balafré; moi, par contre, belle petite Blanche avec des yeux de biche... personne ne va se méfier!

Nous nous faisons prendre au bout de quelques jours à peine. Je dois passer en cour, mais ça ne me stresse pas particulièrement: je n'ai pas encore dix-huit ans et c'est ma première infraction... Après avoir traversé toutes les procédures criminelles, nous nous retrouvons et planifions notre prochain coup.

Cette fois-ci, nous voulons aller à la campagne, où les gens sont moins alertes au sujet de la contrefaçon. Nous prenons l'autobus jusqu'à Rivière-du-Loup avec l'intention de plumer la ville.

Stéphane doit être le premier Noir qu'ils voient là-bas – il est noir foncé, presque bleu! Disons que nous ne passons pas inaperçus.

J'achète pour 10 dollars avec de faux billets de 100, si bien que nous nous retrouvons chaque fois avec 90 vrais dollars. Les gens nous échangent nos billets en souriant, et bonne journée, mademoiselle! J'ai presque pitié d'eux...

De retour à l'hôtel, nous comptons la somme que nous avons amassée: une vraie petite fortune!

— Il faut partir, je lui dis, les yeux qui brillent.

— Pas tout de suite, on peut faire plus d'argent!

Le lendemain matin, quand nous arrivons à la caisse de la quincaillerie, des policiers débarquent de tous bords, tous côtés. Ils nous attendaient de pied ferme.

Je passe la journée en prison et, en fin de soirée, ils me mettent à bord du dernier autobus en direction de Montréal; Stéphane est transféré au pénitencier de la région.

Peu de temps après, il est libéré sous conditions et nous nous rejoignons à Montréal. Notre principal souci, c'est que nous avons acheté les faux billets à crédit, et le taux d'intérêt imposé par les gars de rue n'a rien à voir avec celui des banques. Il faut les rembourser, et tout de suite, sinon ça risque de nous coûter un bras, et peut-être littéralement.

— Tu pourrais danser dans les *clubs*, me propose Stéphane.

Pour moi, c'est impossible. Je m'habille comme un petit garçon manqué : des salopettes larges, une casquette et des souliers de course. Aussi, mon corps n'est pas à l'image de ce que j'imagine être recherché pour ce genre de travail. Je ne suis pas mince comme les actrices de cinéma : qui voudrait payer pour me voir nue ? Mais surtout, j'ai de la difficulté à me déshabiller devant mon chum, alors le faire en public… Nous formons une équipe, qu'il me dit. Lui ne me laissera pas tomber, je le ferai donc par amour pour lui.

Le lendemain, je me présente à l'agence de placement. Les gars derrière le comptoir lèvent les yeux et me scrutent de la tête aux pieds. L'un d'eux sort un formulaire et commence à prendre des notes. Quinze minutes plus tard, ils m'envoient dans un bar à gaffes sur le bord de l'autoroute. C'est grand comme ma main, un genre de trou à rats avec quelques motards assis ici et là.

Si j'ai l'air d'une fille pleine de confiance en soi, en vérité *je chie dans mes culottes* à l'idée de monter sur scène. Et aller dans l'isoloir avec les clients pour les sucer ou baiser avec eux, c'est encore pire ! Après ma première journée, je me fais couler un bain chaud et je verse de l'eau de Javel dedans. Si je le pouvais, je me frotterais avec une laine d'acier jusqu'à ce que je m'arrache la peau, mais il faut que je retourne me montrer nue le lendemain.

Tous les jours, je donne l'argent que je gagne à Stéphane. Au bout de deux semaines, il rembourse notre dette et je suis soulagée : mon calvaire est enfin fini.

— Si tu continuais, on pourrait se payer une maison...

J'ai les yeux qui brillent. J'imagine le chien, les enfants sur les balançoires, lui derrière son barbecue... Je vois ma mère travailler comme une folle depuis que je suis toute petite, et pourquoi au bout du compte ? Mettre de l'essence dans sa voiture ? Moi, je désire plus que ça. Je veux être une reine.

Il faut dire que j'ai toujours eu un préjugé très défavorable envers les danseuses. Je les vois comme des salopes. Au bar, des filles trois fois plus grosses que moi dansent toutes nues, disons que ça m'aide à ne pas me sentir comme une extraterrestre. On me maquille, on me coiffe et, arrivée sur le plancher, je me fais regarder comme la *pitoune* de la place. Les débutantes attirent toujours beaucoup de clients : ceux-ci préfèrent la chair fraîche aux habituées blasées. Comme j'ai toujours été ronde, je n'ai jamais été considérée comme une belle fille – on apprécie mon charisme et ma personnalité, mais jamais mon corps. Pour la première fois de ma vie, je sens que je suis désirable et j'adore ça !

Je travaille de midi à 3 heures du matin, six jours par semaine. Non seulement je passe tout ce temps-là debout dans des souliers à talons hauts, mais il faut en plus que j'aie des relations sexuelles avec les clients dans l'isoloir. Ça ne prend pas beaucoup de temps pour que je ne ressente plus aucun plaisir. Mon cerveau se bloque, les va-et-vient deviennent machinaux. Je rentre à 4 heures du matin; je suis tellement épuisée que je m'endors tout de suite. Et le lendemain, ça recommence.

Stéphane ne veut plus que je dorme chez ma mère: elle ne comprendrait pas les choix de vie que nous avons faits, lui et moi, qu'il me dit, et pour la rassurer, je lui raconte que je travaille comme barmaid. Je déménage donc chez lui: un petit trois et demie sombre dans un demi-sous-sol qu'il partage avec sa mère. Elle dort sur un futon dans le salon et nous prenons la chambre.

Je commence à trouver étrange ma relation avec Stéphane. Quand je suis au *club*, je dois lui téléphoner chaque demi-heure: en voyant le numéro sur son afficheur, il a la certitude que je me trouve sur place. Est-ce que c'est normal? Et le fait que je couche avec d'autres hommes par amour pour lui? Quand je décide de lui en parler, je m'attends à ce que nous nous assoyions pour avoir une discussion entre adultes, mais il devient très agressif et il me frappe.

Pour se faire pardonner de s'être montré violent envers moi, il m'achète un cellulaire. Si quelqu'un m'appelle sur l'autre ligne pendant que je lui parle, il perçoit le petit bip et je dois m'arranger pour créer une conférence téléphonique sans que mon interlocuteur s'en rende compte; le reste de la conversation, Stéphane l'écoute en silence à l'autre bout du fil.

⁎
⁎⁎

Ma mère passe la fin de semaine avec une amie et je passe ma journée de congé chez elle. J'ai la maison à moi toute seule, c'est le bonheur. Je me fais un immense repas et m'installe dans le divan, les pieds sur la table du salon, et je jase avec Stéphane au téléphone. Quand quelqu'un m'appelle sur l'autre ligne, je vois sur l'afficheur que c'est un gars à qui je n'ai pas le droit de parler parce que Stéphane juge que nous devenons trop proches. Peut-être parce que je me trouve à Laval, à des kilomètres de lui, je refuse de passer en téléconférence et lui raccroche au nez.

Une demi-heure plus tard, le téléphone sonne.
— Qu'est-ce que tu veux encore ?
— J'arrive.
— Ben oui, c'est ça !

J'ai à peine le temps de raccrocher que je le vois de l'autre côté de la porte-fenêtre, son cellulaire à l'oreille. Une fois à l'intérieur, il ne prend pas le temps d'enlever son manteau ou ses bottes : il marche vers moi d'un pas décidé et me frappe. Le coup est si fort que je suis projetée contre le mur. Je suis étendue par terre et il continue de me frapper avec ses *caps* d'acier. J'encaisse sans rien dire. Au fond de moi, je pense que j'ai mérité ce qui m'arrive : j'ai désobéi. Je ne me vois pas vivre sans lui.

Pendant trois ou quatre ans, je passe tout mon temps au *club*. Je ne veux plus voir ma mère : je peine à me regarder dans le miroir, alors qu'est-ce qu'elle penserait de moi ? Je serais incapable de soutenir son jugement. Chaque soir, quand je rentre du bar, Stéphane enferme sa mère dans la chambre et me frappe. Puis il ouvre la porte à sa mère et elle va se recoucher sur le futon, sans rien dire.

※

Je n'ai jamais perdu contact avec mon amie Audrey, que j'ai rencontrée au centre jeunesse. Elle n'en peut plus de me voir aller ainsi : elle craint de me retrouver morte un jour.

Elle me parle d'un livre qu'elle a déjà lu : *Les manipulateurs sont parmi nous*[2]. Elle me suggère de le lire, je reconnaîtrai sûrement les comportements de Stéphane. Je laisse le livre traîner dans le fond d'un tiroir, Stéphane n'est pas comme ça : il m'aime. Un matin, je décide de m'asseoir pour lire un chapitre ou deux et j'ai l'impression que ça parle de notre relation. Quand il arrive à la maison, je le questionne sur le sujet en citant certains passages. À mon grand désarroi, il démolit chacun des arguments du livre. Il a une explication logique pour tout, l'auteure est dans le champ, et qu'est-ce que je fais à lire ça ? Je dois lui avouer que c'est un livre que mon amie Audrey m'a prêté et, furieux, il m'interdit de lui parler.

Quelques jours plus tard, Audrey décide d'appeler Stéphane. Pour elle, ce qu'il me fait subir n'a juste pas d'allure, trop c'est trop. Évidemment, il nie tout. Je suis assise à deux mètres de lui et, impuissante, je le regarde prétendre que c'est moi qui veux mettre un terme à notre amitié. Avec sa belle voix enjôleuse, il finit par la convaincre. Tout en continuant de lui parler, il prend une vieille paire de ciseaux rouillés, les pose sur ma gorge et m'oblige à confirmer tout ce qu'il vient de raconter. Audrey n'en croit pas ses oreilles, mais elle accepte ma décision et se résigne à raccrocher.

---

2. Isabelle Nazare-Aga, *Les manipulateurs sont parmi nous*, Éditions de l'Homme, 2004 et 2013.

⁎⁎⁎

Dans un bar de Saint-Hyacinthe, je rencontre un client de mon âge; il habite à quelques kilomètres de là, en pleine campagne. Tous les jours pendant une semaine, il vient me voir danser. Je vais à sa table, il me paye des bières et nous jasons. Nous devenons amis et, un soir, il me propose d'aller passer la nuit chez lui. Le lendemain matin, à l'aube, je regarde la lumière se faufiler entre les branches d'arbres et je suis bien. J'appelle Stéphane pour lui dire que notre relation est terminée.

Les jours qui suivent, mon nouvel amoureux et moi allons voir des films au cinéma, camper dans un champ... Il me dorlote comme une princesse des bois, et je me fais peu à peu à l'idée que je suis aimable... jusqu'à ce que Stéphane me téléphone. Il pleure au bout du fil: il regrette tout ce qu'il m'a fait, et si je reviens, il arrêtera de me frapper et plus jamais je n'aurai à travailler dans les *clubs*, il me le promet. C'est la première fois qu'un homme pleure pour moi et ça m'atteint droit au cœur.

Quelques jours plus tard, je dois témoigner au procès d'une amie danseuse qui a été maltraitée par un client. Mon nouvel amoureux insiste pour m'accompagner en cour, et je finis par accepter. Ç'a l'air important pour lui et ça me touche.

En arrivant au palais de justice, j'aperçois Stéphane, assis dans la salle: il savait que je serais là, il était prévu qu'il m'accompagnerait. Quand mon regard croise le sien, il me sourit en agitant la main. Il vient s'asseoir à côté de mon nouvel amoureux et, dès que le procès commence, il se penche pour lui parler à l'oreille. Je n'entends pas tout, mais à voir le visage de mon nouveau chum changer, je comprends qu'il ne me couvre pas de compliments. Je voudrais lui crier d'arrêter, mais je dois observer le silence dans la salle. Des larmes coulent des yeux de mon amoureux, et moi, je murmure à Stéphane de fermer sa gueule une fois pour toutes. Quand la séance est levée, mon petit campagnard d'amour bondit et se sauve en courant. Je ne le reverrai plus jamais.

Je suis assise sur les marches du palais de justice, la tête dans les mains. C'est une journée sans vent. J'ai l'impression d'être morte. Stéphane vient vers moi, le sourire fendu jusqu'aux oreilles.

— T'as plus le choix, maintenant... C'est moi ou rien.

Le soir même, je retourne danser. Selon Stéphane, je l'ai trompé et il faut que j'assume mes torts. Je dois maintenant le laisser me battre sans rouspéter. Parfois, il m'agrippe par les cheveux et, en me tenant la tête devant le miroir, il me force à dire que je suis une grosse salope. Il me frappe avec des ceinturons, me mutile avec des couteaux et me brûle la peau avec des tisons de cigarette – à deux reprises, je dois aller à l'hôpital à la suite de coups à la tête. J'ai l'impression d'être devenue une de ces filles battues que je méprisais au centre jeunesse. Comment ai-je pu me retrouver dans une position que je trouvais tellement pathétique ?

Je me mets à consommer de la cocaïne, beaucoup. C'est la seule chose qui parvient à me rendre heureuse, même si je sais que c'est un bonheur artificiel. Quand je rentre chez lui, Stéphane exige que je me déshabille : il veut me fouiller. Il déchire aussi la doublure de mon sac à main : où est l'argent, est-ce que je le volerais, par hasard ? La vérité, c'est que je l'ai *sniffé*.

Même si c'est de l'argent que je gagne en dansant et en me prostituant, il parvient à me faire sentir coupable de vouloir en garder une partie pour moi. Une fois, je cache 100 dollars et, quand il les trouve, il me bat comme il ne l'a jamais fait avant. Alors que j'éponge le sang sur mon visage, il va pleurer en petite boule dans le lit. Si je ne l'avais pas volé, il n'aurait pas eu à me frapper... Je *m'haïs*. C'est encore ma faute !

Parce que je ne rapporte plus suffisamment d'argent, il me réveille tôt le matin et m'envoie m'entraîner en gymnase. Pour dîner, je n'ai droit qu'à une salade et trois bouchées de poitrine de poulet. Lui, il me regarde manger en s'empiffrant de *fast-food*, le sourire aux lèvres. En sueur et l'estomac vide, je pars travailler pendant quinze heures.

Je perds de cinq à six livres par semaine. Je fonds à vue d'œil. Toute ma vie, j'ai porté des tailles plus, là, j'habille du neuf ans. Un soir, je vais manger au Subway. Je me sens tellement coupable que, en rentrant chez moi, je me fais vomir.

Mon nouveau corps me permet de danser dans des *clubs* plus luxueux. Là-bas, la dynamique entre les filles est épouvantable. Il n'y a rien de pire qu'une gang de danseuses *pimpées* qui se disputent une poignée de clients : elles doivent amasser une certaine somme d'argent pour ne pas se faire battre en rentrant à la maison, alors elles sont prêtes à tout. Il faut que tu joues selon les règles, mais aussi que tu défendes ton territoire. C'est la jungle.

Un soir, je consomme tellement de cocaïne que je suis incapable de finir ma journée de travail. Je suis certaine que je vais crever. Ça se voit dans ma face que je ne vais pas bien, et mon patron m'envoie à la maison pour que je me repose. Je m'attends à ce que Stéphane me prenne dans ses bras et me fasse chauffer de la soupe ou couler un bon bain chaud, quelque chose comme ça. Mais il enferme sa mère dans la chambre et je comprends ce qui m'attend. Je suis couchée sur le plancher, j'encaisse les coups et je regarde la mare rouge-noir s'agrandir sous ma tête sans saisir qu'il s'agit de mon sang.

*
**

Stéphane ne fait pas confiance aux banques et il cache des liasses de billets dans des pots de beurre d'arachide. Chacun vaut 1 000 dollars. Un matin, je prends le pot et je pars avec. J'en ai assez. Quand Stéphane me surprend dans le cadre de porte, je m'attends à ce qu'il me frappe, mais au fond je m'en fous. Il peut me battre tant qu'il veut : j'ai déjà le visage bleu et boursouflé, qu'est-ce qu'il peut me faire de plus ? M'arracher un œil ? À la place, il me refait son petit numéro : pleurer à genoux, me jurer qu'il changera... Je ferme les yeux, baisse la tête et je franchis la porte.

J'aboutis dans les Laurentides. Si je ne *sniffe* pas, je mange : en moins d'un mois, je retrouve mon poids. J'achète pour 400 dollars de poudre par soir et il n'est pas rare que je retourne en chercher vers minuit. Je ne dors plus, j'ai les pupilles dilatées en permanence et les narines sèches.

Peut-être parce que je passe mon temps à aller le voir, mon *pusher* tombe en amour avec moi. Le jour où je n'ai plus d'argent pour *sniffer*, je m'étends sur son lit et ne bouge plus de là. J'y passerai plus d'un mois.

Avec lui, j'ai accès à un puits infini de cocaïne. C'est le paradis. Nous passons nos nuits à *sniffer*.

Le lendemain, il doit couper ce qui lui reste avec de l'Ajax ou du sucre en poudre pour ne pas perdre trop d'argent. Chaque jour, je m'étonne de ne pas être morte d'une overdose. Au fond, c'est peut-être ce que je cherche.

J'ai vingt-trois ans et j'atteins le fond du baril : je suis tellement gelée que je ne vois plus clair. J'ai de la difficulté à aligner deux mots. Je rappelle Stéphane pour le supplier de me reprendre, mais il rit de moi. Tant qu'à perdre son temps avec une toxicomane, il préfère se trouver une nouvelle fille. Il vient d'ouvrir une agence de mannequins pour faire du repérage…

Il pourrait se contenter de me rejeter, mais il faut qu'il m'humilie une dernière fois : il m'annonce qu'il est allé voir ma mère, qu'il lui a dit la vérité à mon sujet et qu'elle est très déçue ; elle ne veut plus me revoir. Il sait que ma mère est tout ce qui compte pour moi et il trouve les mots justes pour me briser le cœur. Je raccroche en me disant que je suis une chienne finie et que je suis seule au monde. Les mois suivants, je me laisse couler doucement, en espérant chaque jour que le lendemain je serai morte.

***

Je trouve finalement le courage d'appeler mon amie Véronique. J'arrive à peine à lui dire où je suis qu'elle part tout de suite de l'Abitibi et vient me chercher. Elle me traîne jusqu'à sa voiture, m'étend sur le siège arrière et me ramène à Laval. Ma mère m'ouvre grande sa porte, Stéphane m'a menti : elle ne m'a jamais abandonnée. Au contraire, elle est restée en contact avec un enquêteur du Service de police de la Ville de Montréal (SPVM) et s'informait régulièrement à mon sujet.

Ma mère m'achète de nouveaux meubles et m'installe dans ma chambre de petite fille. Elle m'encourage à porter plainte et à parler avec le policier qui l'a épaulée tout au long de ma mésaventure.

∗∗

N'ayant aucun avenir devant moi, sans emploi et sans diplôme en poche, je retourne sur le marché du sexe. Très vite, je rencontre un homme et tombe enceinte. La réalité me rattrape : puis-je rester dans ce milieu ? Est-ce le genre de vie que je veux offrir à mon enfant ? Je retourne à l'école terminer mon cinquième secondaire. Comme mon amie Audrey, je retombe sur mes pattes, lentement, mais sûrement.

Quand je juge que j'en ai la force, je porte plainte contre Stéphane. Longtemps j'ai cru que nous nous étions séparés et que c'était tout. Ça m'a pris du temps avant de comprendre la gravité de ce qu'il m'a fait subir. Maintenant, je veux le faire payer pour ce qu'il m'a fait, et je ne parle pas seulement des coups qu'il m'a donnés : il m'a traitée de tous les noms et il a toujours atteint sa cible. Il était très habile avec les mots – c'est ce qui m'avait charmée et c'est finalement ce qui m'aura achevée. Le plus dur, durant le procès, est d'admettre devant tout le monde que, malgré tout ce qu'il me faisait endurer, j'ai été assez naïve pour croire qu'il m'aimait. Durant mon récit, je regarde ma mère du coin de l'œil. Chaque mot lui fait mal.

Après mon témoignage, je sors du palais de justice quand le ciel se couvre de nuages. La tempête va bientôt éclater, mais le vent a tourné : après avoir obtenu un DEP en électromécanique de systèmes automatisés, je participe à des interventions auprès de jeunes femmes, elles aussi sous l'emprise de *pimps*. Par mon expérience personnelle, j'espère les aider à mieux détecter les pièges et les dangers de ce milieu. Mon implication dans le projet *Les Survivantes – SPVM* m'aide à avancer dans la vie et me fait réaliser que mes épreuves n'ont pas été vaines.

Cindy, ma fille

J'étais une maman tout ce qu'il y a de plus ordinaire...
　Monoparentale, sans contact avec le père de mes deux filles. Afin de pouvoir joindre les deux bouts, j'avais deux emplois.
　Très jeune, Cindy souffrait beaucoup de l'absence de son père, mais elle demeurait une jeune fille affirmée et très forte de caractère. Malgré l'abandon de son père, elle gardait une joie de vivre qui la rendait attachante. Je dois préciser que notre lien mère-fille a toujours été très fort.
　Au secondaire, après une histoire d'amour, le comportement de ma fille change radicalement. Elle commence à boire et à fêter de façon excessive. Le personnel de l'école m'appelle presque quotidiennement.
　Force est d'admettre que je perds le contrôle et, quand elle se fait renvoyer, je contacte les centres

jeunesse : j'ai besoin d'aide. On donne le choix à Cindy d'aller avec les intervenants des centres jeunesse ou de rester à la maison avec un suivi externe. Cindy prend son sac et part.

Je me sens extrêmement coupable et démunie. Où ai-je failli ? Je la regarde souffrir et se désorganiser sans pouvoir intervenir. Je ne sais plus comment aider ma fille.

Je veux continuer d'être présente pour elle. Je la visite régulièrement, et si j'ai conscience que ma fille me manipule, la culpabilité prend le dessus. À la demande de Cindy, je la reprends à la maison.

Lors d'une fête, ma fille rencontre un nouvel homme et change d'attitude. Elle se renferme de plus en plus. Lors de leurs conversations téléphoniques, j'entends Cindy pleurer et crier. Je la questionne, mais elle reste très évasive et me bourre les oreilles de mensonges. Je ne la reconnais plus : elle n'est plus la fille forte et affirmée qu'elle était.

***

Un jour, j'aperçois des marques de violence sur son corps. Lorsque j'aborde la question avec Cindy, immédiatement, elle se met sur la défensive. Elle me dit qu'elle est tombée, que ce n'est rien. J'ai de forts doutes, mais je n'insiste pas, car je ne veux pas rompre ce qui reste du lien avec ma fille. Mais elle se distancie de plus en plus et bientôt elle emménage avec lui.

Impuissante, j'assiste à la déchéance de ma fille. Elle perd du poids, ne nous parle presque plus et, lorsqu'elle le fait, tout est mensonge. Son regard est vide, elle est méconnaissable.

Je ne sais plus vers qui me tourner. Je veux mettre fin à la souffrance de mon enfant, mais je ne sais pas comment m'y prendre. Je contacte un policier enquêteur du SPVM et il m'aide à garder vivant mon lien avec ma fille. Je dois travailler très fort afin de mettre mes émotions de côté, il faut que je la soutienne du mieux que je peux. Pour sa part, ce policier travaille à monter un dossier juridique.

Comment pourrais-je vous décrire l'angoisse, la peur et la culpabilité qui nous envahissent en tant que mère ? Comment contrôler cette rage qui nous pousse à considérer comme solution d'enlever la vie au bourreau ? En tant que parent, assister à l'autodestruction de son enfant est une chose très difficile à vivre et à accepter.

Heureusement pour moi, ma patience a porté ses fruits. Le travail acharné des policiers combiné à ma présence a fait en sorte qu'aujourd'hui Cindy s'est sortie de cet enfer. Je dois maintenant l'accompagner dans sa nouvelle vie. Chaque jour, je suis le témoin de sa reconstruction et de sa force grandissante. J'ai toujours su que ma fille avait été mise sur terre pour une raison. À sa façon, petit à petit, elle change le monde.

Même quand on croit tout perdu, il ne faut jamais perdre espoir.

Cindy et le travail des intervenants du Centre jeunesse de Montréal

En tant qu'intervenants dans les centres jeunesse de Montréal, nous avons constaté que les troubles de comportement apparaissent très souvent dès l'arrivée des enfants à la garderie ou à l'école primaire. Dès que l'on remarque qu'un enfant vit des difficultés comportementales importantes, il est crucial d'intervenir rapidement.

Les troubles de comportement et le fait d'avoir été renvoyée de l'école n'ont pas aidé Cindy à développer une bonne estime d'elle-même. Rapidement, elle s'est mise à fréquenter des marginaux ; peut-être que le rejet l'a dirigée vers de tels individus parce qu'elle ne se sentait pas jugée avec eux ? Un jeune souffrant d'un faible niveau d'attachement à son parent, d'une absence de supervision parentale, d'un vécu scolaire complexe et d'une propension à être influençable aura une tendance naturelle à s'associer à des gens présentant des comportements déviants.

⁎⁎⁎

Les adolescents ont des idées bien arrêtées quant à leurs besoins de base : vivre pleinement leur vie, posséder de l'argent, avoir du pouvoir, prouver leur réussite et leurs compétences, établir des relations d'amour et d'amitié, être indépendants et libres, se sentir protégés et en sécurité, avoir du plaisir et ressentir de l'appartenance à un groupe. Nous attirons votre attention sur les derniers besoins : le proxénète est un maître pour les reconnaître. Si, par exemple, il propose un partenariat d'affaires, c'est qu'il sait fort bien que sa victime rêve de posséder une maison ou un condo, de fonder une famille, etc. En lui faisant miroiter la **réussite, la sécurité, l'indépendance, la liberté et l'amour**, il l'amadouera. Et même si un véritable partenariat d'affaires semble exister au début de leur association (besoin de reconnaissance et d'appartenance), le plus souvent, ça tourne mal : perte de revenus espérés, mauvais placements, arrestation, consommation, emprunts à des taux d'intérêt élevés, etc. Ce sont là autant d'éléments perturbateurs.

⁎⁎⁎

Ce schéma montre les étapes du processus d'engagement dans les activités de prostitution ou dans des situations de violence conjugale. Regardons-le de plus près à la lumière de l'histoire de Cindy.

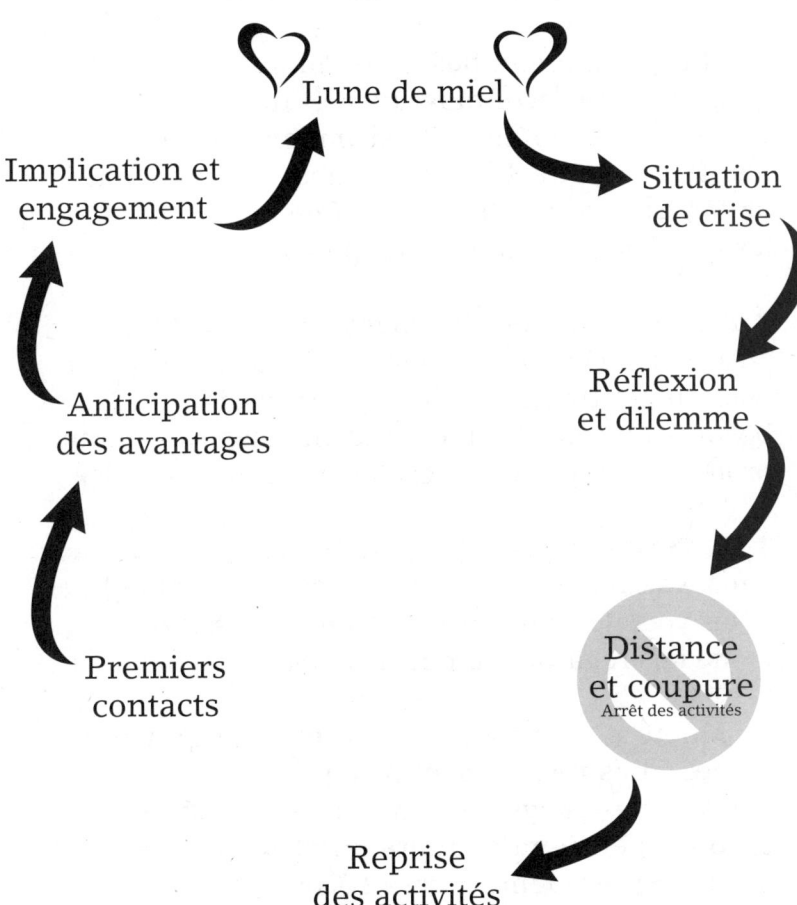

1. Premiers contacts – « Il est charismatique. Au téléphone, sa voix sonne comme celle d'un animateur de radio. Il m'appelle à 18 heures et nous ne raccrochons pas avant le lendemain matin. Il m'écoute comme personne ne m'a jamais écoutée. »

Il répond à son besoin **d'amour, de sécurité, de plaisir, de reconnaissance et d'appartenance.** Comme intervenants, il est important de ne pas dénigrer ce genre de relation amoureuse, mais plutôt de faire ressortir le côté positif en ce qui concerne les besoins que comble cette personne.

2. Anticipation des avantages – Un jour, il lui propose d'aller échanger de faux billets dans des magasins du centre-ville. Elle a l'impression que des besoins ont été comblés : reconnaissance, amour, protection, appartenance, plaisir et indépendance.

3. Implication et engagement – « Tu pourrais danser dans les *clubs* [...]. Pour moi, c'est impossible [...]. Je les vois [les danseuses] comme des salopes [...]. Je me fais regarder comme la *pitoune* de la place. »

Même si le processus est engagé, plusieurs jeunes filles ne réalisent pas qu'elles sont recrutées par des gangs pour faire de la prostitution. Il est donc pertinent de reprendre l'action proposée à l'étape précédente : être à l'écoute de ce qu'elles croient être des avantages. Nommer les malaises.

4. Lune de miel – Pendant cette période, la jeune fille ne voit que les avantages : « Il rembourse notre dette et je suis soulagée : mon calvaire est enfin fini. » « Si tu continuais, on pourrait se payer une maison... »

Les intervenants profitent de cette période pour se montrer à l'écoute des expériences et des émotions vécues par la jeune fille. Ils pourront créer ou consolider un lien significatif en démontrant un intérêt pour ce que la jeune fille est et non pour ce qu'elle fait.

5. Situation de crise – « Est-ce que c'est normal ? Et le fait que je couche avec d'autres hommes par amour pour lui ? [...] il marche vers moi d'un pas décidé et me frappe. Le coup est si fort que je suis projetée contre le mur. Je suis étendue par terre et il continue de me frapper avec ses *caps* d'acier. »

Dans de telles circonstances, on doit éviter de dramatiser, et demeurer objectif. Il faut à tout prix éviter de culpabiliser la victime. On se contentera de lui demander de clarifier ses besoins. À cette étape, et avec l'accord de la jeune fille, il est important d'impliquer les parents.

6. Réflexion et dilemme – « J'encaisse sans rien dire. Au fond de moi, je pense que j'ai mérité ce qui m'arrive : j'ai désobéi. Je ne me vois pas vivre sans lui. »

Il est nécessaire d'accompagner la victime dans son processus de réflexion, toujours en demeurant objectif. Il faut l'aider à prendre conscience des besoins physiques et affectifs auxquels répond la prostitution. Puis, avec elle, on tentera d'explorer d'autres moyens de satisfaire ces besoins.

7. Distance et coupure – « Je rencontre un client de mon âge [...]. Le lendemain matin, à l'aube, je regarde la lumière se faufiler entre les branches d'arbres et je suis bien. J'appelle Stéphane pour lui dire que notre relation est terminée.»

Les intervenants demandent toujours à la jeune fille de clarifier ses besoins. Cela permet d'assurer sa sécurité.

8. Reprise des activités – «Je suis assise sur les marches du palais de justice, la tête dans les mains. [...] Stéphane vient vers moi, le sourire fendu jusqu'aux oreilles.
— T'as plus le choix maintenant... C'est moi ou rien.
Le soir même, je retourne danser. Selon Stéphane, je l'ai trompé et il faut que j'assume mes torts.»

Plusieurs personnes retournent au début du cycle. Elles souhaitent vérifier certaines réflexions qu'elles ont eues dans le processus et espèrent effectuer plus rapidement la coupure.

***

En cas de besoin, un programme d'éducation sexuelle intitulé *Pour ados seulement* est offert. On y propose onze activités pour développer une sexualité saine et responsable.

De plus, un groupe de réflexion sur les drogues a mis sur pied un programme de huit activités, dont une grille de dépistage appelée DEP-ADO. Les jeunes dans le besoin sont ensuite dirigés vers le Centre de réadaptation en dépendance de Montréal.

※

Quand un jeune se fait offrir de l'aide par la Direction de la protection de la jeunesse, il est important de préciser que, au Centre jeunesse de Montréal, l'adolescent peut recevoir des services dans le cadre de trois lois.

1. Par le CLSC et/ou un travailleur social sous la Loi sur les services de santé et les services sociaux (loi 4S) : s'il a plus de quatorze ans, un jeune peut être placé dans un centre jeunesse à la suite d'une entente entre le praticien social, les parents et lui.

2. À la suite d'un signalement à la Direction de la protection de la jeunesse, certains peuvent être placés sous la Loi sur la protection de la jeunesse (lois LPJV et LPJO). La DPJ évaluera la situation et le niveau d'urgence.

Après cette évaluation, il est possible qu'on recommande des mesures de placement. Avec l'accord du jeune et de ses parents, des dispositions seront adoptées et l'adolescent sera placé sous la Loi sur la protection de la jeunesse volontaire.

Par contre, si la situation est urgente et que le jeune doit être retiré rapidement de son milieu, une demande sera faite au tribunal de la jeunesse afin de permettre à la DPJ de faire une évaluation. Après celle-ci, si le jeune et ses parents refusent les services ou le placement, un juge décidera de la question. Il est important de préciser que la Loi sur la protection de la jeunesse est une loi d'exception.

3. La Loi sur le système de la justice pénale pour adolescents (loi LSJPA) s'applique aux adolescents contrevenants âgés de douze à dix-sept ans ayant commis une infraction au Code criminel ou à d'autres lois fédérales à caractère pénal. Le système

de justice pénale pour adolescents instaure des procédures, des mesures extrajudiciaires ainsi que des peines spécifiques aux adolescents. Cette loi a pour objectif d'assurer la protection du public tout en favorisant des mesures qui visent la réadaptation et la réinsertion sociale des adolescents contrevenants, l'implication des parents et la prise en compte des intérêts de la victime.

Cet univers est notre quotidien. Notre but est d'aider ces adolescents à s'en sortir et à devenir des adultes responsables.

Martin Pelletier, éducateur
Centre jeunesse de Montréal
Institut universitaire

René-André Brisebois, M. Sc. criminologie
Agent de planification, de programmation
et de recherche
Centre jeunesse de Montréal
Institut universitaire

Marie-Michelle[3]

Les enfants

J'ai toujours été lucide. Certains disent que c'est un don, je considère ça plutôt comme une malédiction. J'aurais préféré rester dans un nuage et n'avoir conscience de rien – vivre comme une somnambule, les yeux mi-clos, plongée jusqu'au torse dans les eaux du rêve.

Je viens d'une famille nucléaire typique et typiquement dysfonctionnelle. À peine un an après ma naissance, mes parents ont divorcé et ma sœur et moi avons vécu avec ma mère. Elle passait ses journées couchée sur le divan, à se plaindre. Si elle n'avait pas de problèmes, elle s'en inventait. Elle jouait l'éternelle victime : elle avait compris qu'elle recevrait comme ça beaucoup d'attention. Des fois, je me demande si elle n'a pas

---

3. L'histoire de Marie-Michelle a inspiré l'auteure Michèle Bazin, *Les Champions de l'amour*, Éditions Stanké, 2012.

eu des enfants pour être aimée, voire pour être secourue.

Lorsqu'elle a sombré dans la dépression, elle nous a envoyées chez notre père.

Il habitait avec sa nouvelle blonde dans une grande maison en banlieue. Pour ne pas perdre la face devant ses amis, il disait que son ex-femme nous avait conçues avec un autre et qu'il s'occupait de nous en attendant qu'elle se porte mieux. Nos chambres se trouvaient au sous-sol. C'est là que nous passions la plus grande partie de nos journées. Il ne fallait surtout pas que le volume de la télévision soit trop fort sinon il descendait en criant.

Sous prétexte qu'il nous offrait le gîte et le couvert, nous nous occupions du ménage et, souvent, nous devions cuisiner les repas. Je me souviens de l'air de mes amis, sur le pas de la porte, quand je leur apprenais que je ne pouvais pas aller jouer dehors avec eux : je devais laver la vaisselle.

Il avait instauré un tel climat de peur dans cette maison que, lorsqu'il s'est introduit dans ma chambre pour me toucher, sous prétexte de faire mon éducation sexuelle, je n'ai osé en parler à personne. J'avais juste onze ans.

Ma sœur était déjà très garçonne à l'époque, elle et mon père jouaient à la lutte sur le tapis du salon. Peut-être est-ce la raison pour laquelle j'ai été la seule victime.

Au début, les agressions étaient mensuelles. Mais bien vite, il s'est mis à entrer dans ma chambre plusieurs fois par jour. Ma mère était trop fragile pour que je lui en parle, c'est à peine s'il ne fallait pas que je change de chaîne de télévision pour elle quand je passais la voir.

Vers l'âge de quatorze ans, je me suis confiée à ma meilleure amie. Elle m'a écoutée et m'a convaincue de rencontrer une travailleuse sociale. Celle-ci a fermé la porte de son bureau, et j'ai eu besoin de longues minutes avant de trouver le courage de parler. Les mots sont sortis un à un de ma bouche, très lentement, mais je suis finalement arrivée à vider mon sac. Quand j'ai eu fini, elle m'a demandé si j'acceptais qu'elle discute avec mon père.

— Je pense que tu comprends pas quel genre de personne c'est!

— Préfères-tu porter plainte?

J'ai rencontré la procureure et fait ma déposition. Mais un médecin m'a diagnostiquée dépressive majeure, et j'ai malheureusement dû cesser les démarches.

Je suis retournée vivre chez ma mère; ma sœur est restée avec mon père. Celui-ci s'est tout à coup mis à la gâter: vêtements, iPod, cellulaire... J'étais furieuse que ma sœur accepte tous les cadeaux de l'homme qui m'avait agressée. Comme si elle se moquait de ce que j'avais vécu ou qu'elle consentait à monnayer ma souffrance.

Ma mère refusait de croire ce que j'avais raconté à la procureure. Elle me reprochait de lui faire vivre mes problèmes: elle ne méritait pas cela, se plaignait-elle, en plus elle n'avait pas la santé pour supporter tout ce stress-là... Ça devait être trop dur à accepter pour elle, elle se protégeait. Je la comprends, mais je vais toujours lui en vouloir: j'étais à peine une adolescente.

Toute mon enfance, j'avais été parmi les meilleurs élèves de mon école, une vraie petite *bolle*. Je comprenais tout sans vraiment étudier. À partir de là, toutefois, mes résultats ont chuté et j'ai décroché au beau milieu de mon quatrième secondaire. J'ai été embauchée dans une station-service et j'ai rencontré un garçon qui est rapidement devenu mon amoureux. Il consommait beaucoup de marijuana. Moi, j'étais à des kilomètres de ce monde-là. Je lui interdisais de fumer en ma présence, je ne voulais même pas sentir l'odeur.

Depuis que j'étais retournée vivre avec ma mère, c'est moi qui prenais soin d'elle plus que le contraire. Elle passait ses journées à fumer des cigarettes, il fallait sans arrêt que je lui dise que je l'aime et, si mes sentiments à son égard n'étaient pas assez forts à son goût, elle menaçait de se suicider. Parce que je n'en pouvais plus, un jour je suis allée rejoindre mon amoureux sur le balcon et lui ai fait signe de me passer le joint. Je suis vite devenue dépendante... Toute mon énergie était consacrée au prochain joint. L'heure que duraient les effets me permettait de fuir : j'étais dans une bulle et tout le reste s'évanouissait dans la brume. J'ai perdu mon emploi, puis le suivant et l'autre d'après.

Mon amoureux s'est peu à peu transformé en mon fournisseur, et si ça l'inquiétait de me voir fumer ainsi, par amour, il continuait de m'approvisionner. J'agissais avec lui comme ma mère avec moi : il ne m'aimait jamais assez, je m'agrippais à lui et l'entraînais dans ma chute.

*
**

À dix-huit ans, je pars de chez ma mère et, quelques mois plus tard, je tombe enceinte. Je me fais avorter et, pour la deuxième fois, un médecin me diagnostique une dépression majeure. Une infirmière du CLSC m'envoie à un établissement au coin de Papineau et Bélanger, un complexe de petits appartements subventionnés pour aider les gens dans le besoin.

Je fume tellement que je rate mon retour à l'école pour les adultes. Tout l'argent que je gagne, je le dépense en marijuana. Je n'arrive plus à payer mon loyer, aussi modique soit-il, et bientôt, la responsable au centre doit me souhaiter la meilleure des chances avant de me montrer la porte.

Une amie accepte alors de m'héberger, je dormirai sur le sofa. Je ne paye pas de loyer, je la fournis en marijuana.

Pour ouvrir une garderie, elle a emprunté beaucoup d'argent et maintenant elle croule sous les dettes. En feuilletant le journal, elle tombe sur la section Escortes.

— C'est quand même 200 dollars de l'heure...

L'idée fait du chemin dans sa tête. Toutes les filles ont déjà couché avec un gars avec qui ça ne les tentait pas; mon amie n'aura à le faire que trois ou quatre fois et le tour sera joué.

Elle publie une annonce sur Internet, et lorsqu'un premier client lui téléphone, elle me demande de l'accompagner – elle ne pourrait pas y arriver seule. J'ai été élevée avec l'idée que mon corps ne m'appartenait pas, alors jouer à l'escorte ne m'énerve pas plus qu'il faut. Évidemment, je suis nerveuse, mais quand j'entre chez le client, tout va de soi : je sais quoi dire, quoi faire, comme si j'avais fait ça des milliers de fois. Mon amie me regarde aller et me suit.

Une fois que mon amie a remboursé les compagnies de crédit, elle retire son annonce et l'épisode est terminé pour elle. Elle détestait ça et elle vit depuis quelque temps une histoire avec un de ses anciens clients. Elle est tombée enceinte de lui et il va bientôt emménager avec elle. Comme je ne paye toujours pas de loyer, il faut que je me trouve un nouvel endroit où dormir. Je mets mes affaires dans un sac-poubelle et, la tête basse, je retourne chez ma mère.

Depuis que je suis partie, elle a déménagé dans un trois et demie ; je pourrai dormir dans le salon, sur le divan, mais il faut que je comprenne : c'est temporaire.

La cour est couverte de gravier et ma mère s'est mis dans la tête de se faire un jardin. Du balcon, je fume des joints en la regardant râteler les cailloux. Elle perd son temps !

Le soir, quand il a bu un coup, le chum de ma mère vient s'asseoir sur le divan où je dors et reste là un long moment. Moi, je suis gelée raide et, la couverture sur mes épaules, je le regarde sans comprendre ce qu'il veut. Un jour, il me dit qu'il me trouve belle ; quelques jours plus tard, qu'il ne me ferait pas mal s'il avait mon âge... La nuit, je fixe le plafond, convaincue qu'il va se glisser sous mes draps.

J'en parle à ma sœur, qui en parle à ma mère, qui en parle avec lui :

— On héberge ta fille gratuitement et elle est pas foutue de travailler ! C'est elle ou c'est moi !

J'ai deux jours pour quitter les lieux. Je ne sais pas où aller : je n'ai pas d'emploi, pas de BS... Je pense à mon amie et, dans le journal *Métro*, je consulte les annonces de l'industrie du sexe : salons de massage, danseuses, escortes... Je tombe sur : « Agence internationale VIP. Hôtesse demandée. 120 $/heure. » Les autres offrent entre 70 et 100 dollars l'heure. Je choisis évidemment la plus payante.

— Oui, allô ?
— J'appelle pour l'annonce. Je voudrais savoir ce que c'est, une hôtesse.
— Deux secondes, j'ai une autre ligne.

L'homme au bout du fil me met en attente, me revient, cherche un crayon, me remet en attente... Il a l'air très occupé et finit par me demander mon adresse ; une chef d'équipe passera me prendre d'ici une heure.

Je remets mes affaires dans un sac-poubelle et vais l'attendre devant la maison. En me voyant assise dans les escaliers, ma mère s'inquiète :
— C'est quoi, ta nouvelle job ?
— Tu veux que je *décâlisse*, je vais *décâlisser* !

Deux heures plus tard, je suis toujours assise dans les escaliers. Je rappelle l'Agence VIP : le patron s'excuse, sa chef d'équipe n'a pas pu se libérer, il va passer me prendre lui-même dans la prochaine demi-heure. Quand il arrive au coin de la rue, je monte dans sa voiture et il me regarde de la tête aux pieds.
— On va aller boire un verre.
— Je bois pas.
— Tu commanderas un verre de jus.

Il est 2 heures de l'après-midi.

Au bar, il me demande pourquoi je veux travailler dans l'industrie du sexe, et je lui étale le récit de ma vie : ma conne de mère m'a mise à la rue, je n'ai personne, pas d'argent non plus...
— Fais pas de conneries, tu vas voir : tout va s'arranger.

Il s'appelle Sam et, cette nuit-là, dans la chambre d'hôtel qu'il a louée pour nous, je regarde le plafond et répète son nom comme un mantra ou une prière. Enfin, quelqu'un s'occupe de moi.

Le lendemain, il m'emmène au salon de bronzage, chez l'esthéticienne pour mes ongles, chez la coiffeuse pour me décolorer les cheveux... Le peroxyde brûle mes pointes et je dois porter une perruque blond platine pour camoufler le désastre.

Le soir, assis dans le lit, il me regarde marcher de la porte jusqu'à lui.

— Relève la tête, déhanche-toi, souris...

Il m'aide, m'encourage... Je ne veux surtout pas le décevoir.

Deux jours plus tard, je danse à Longueuil. Je carbure à l'attention que je reçois de la part des clients puisque je suis jeune, petite et nouvelle. Je souris tout le temps, je me fous d'être nue et, à la fin de la soirée, j'ai gagné une belle petite fortune. Je dois tout donner à Sam : je n'ai rien payé depuis qu'il m'a embauchée et, de toute façon, je m'en fous. Ce qui compte, c'est que j'ai trouvé ma place.

Au *club*, les filles ne m'aiment pas, je suis trop populaire à leur goût. Elles me poussent avec leurs seins, me demandent si je suce dans les cabines... Je regarde par terre et me sauve.

Un jour, Sam me dit qu'il doit s'absenter et me demande de rester à l'hôtel avec B., son associé. Quand il revient quelques heures plus tard, il m'annonce que, finalement, je ne fais pas l'affaire. Je lui demande des explications, mais il refuse de m'en donner – c'est ça qui est ça, désolé. Je reprends mon sac-poubelle et retourne chez ma mère.

En me voyant arriver, bronzée, avec mes cheveux platine, elle comprend dans quoi je me suis embarquée et m'annonce que, si je pense qu'elle va m'ouvrir la porte après l'affront que je lui ai fait, je me fourre le doigt dans l'œil ! Elle et son chum me bloquent le passage et me crient de partir, maudite pute !

Je viens d'avoir vingt ans.

J'appelle ma sœur d'une cabine. Au téléphone, je lui demande si je peux passer la nuit chez elle, je n'ai nulle part où aller.

— Si papa dort chez sa blonde, il n'y a pas de problème. Mais tu peux juste rester une nuit.

Je dors sur le sofa et, le lendemain matin, je rappelle Sam :

— Dis-moi ce que j'ai fait de pas correct : je vais m'améliorer, je te le jure.

Trente minutes plus tard, il vient me chercher chez mon père. Dans la voiture, il me confie, les larmes aux yeux, qu'il est amoureux de moi et que ça lui fait trop mal de me voir danser pour d'autres hommes. En même temps, il ne peut se voir avec une petite fille qui travaille dans un bureau de 9 à 5. Sa vie, c'est le *night life*, l'industrie du sexe... Je ne dis rien ; nous nous regardons un instant et je l'embrasse.

Je travaille désormais dans les bars à gaffes. Il n'a pas eu à me convaincre : c'est beaucoup plus payant et ça me suffit comme raison.

Nous devenons une espèce de couple, une équipe, qu'il me dit : je lui donne tout l'argent que je gagne, il le gère en s'assurant que je ne manque jamais de rien. Il veut que je reste sobre, la drogue nuit aux affaires et il ne veut pas dépenser pour ça. J'ai droit à un seul demi-gramme de *pot* par semaine, donc je dois subir tout ça à froid.

La concurrence est énorme et ce n'est pas du tout la même dynamique que dans les bars normaux, où les hommes se payent plusieurs danses à 20 dollars dans leur soirée. Il me faut me faire valoir pour qu'ils me choisissent, moi. Souvent, au début, ils ne se montrent pas intéressés : tout ce qu'ils veulent, c'est regarder le hockey, tranquilles. À cause de mes cheveux platine et de ma taille fine, on m'appelle Barbie, mais les clients font le saut lorsque je me mets à jaser avec eux. Ma répartie les étonne, ils s'attendent sans doute à l'idée qu'on se fait d'une blonde : une nunuche qui hoche la tête et qui sourit. Je trouve les mots pour capter leur attention, nous passons dans la cabine et je ramasse le magot.

Au bout de quelque temps, Sam et moi quittons l'hôtel pour nous installer chez sa mère, dans un centre pour personnes âgées. Tous les soirs, en rentrant, nous devons faire attention de ne pas nous faire remarquer par les agents de sécurité. Nous dormons sur deux matelas simples jetés sur le sol et, le matin, nous les cachons dans la garde-robe.

Un jour, le téléphone sonne et je vois Sam demander à la personne au bout du fil de patienter un instant parce qu'il a une deuxième ligne, appuyer sur *mute*, attendre vingt secondes, revenir à la personne qui l'a appelé, demander son adresse, faire semblant de chercher un crayon et dire qu'une chef d'équipe passera la prendre d'ici une heure ou deux. Je comprends que j'ai été victime du même manège, qu'il n'existe pas d'Agence internationale VIP : il n'y a que Sam et son cellulaire, rien d'autre. Mais je ne dis rien, qu'est-ce que ça change de toute façon ? Nous gagnons un paquet d'argent, nous filons le parfait bonheur – il me propose même de partir à Mont-Tremblant. Moi qui ne suis que très rarement sortie de Montréal, je saute de joie.

Après avoir garé l'auto à l'hôtel, nous marchons jusqu'au restaurant – nous mourons de faim ! Le ventre plein, nous faisons le tour du centre-ville en passant d'un bar à l'autre. Pour montrer qu'il a de l'argent, il aime payer des tournées à tout le monde.

Quand un gars lui offre un *shooter* de Jack Daniel's, dans un premier temps, il refuse : Sam peut boire une bouteille de gin à lui seul, mais pas une goutte de whisky. Le gars insiste et, pour ne pas perdre la face, Sam finit par boire le verre d'un trait. Son regard change et il me fait signe.

— On rentre.

Sur le chemin du retour, je suis convaincue qu'il va vomir. Il s'agrippe à moi – il pèse trois cents livres, moi, à peine cent, et le trottoir est glacé. S'il fallait qu'il tombe dans la côte, je ne pourrais pas le retenir.

De retour à l'hôtel, je demande les clés à la réception, traîne Sam jusqu'à la chambre et, en ouvrant la porte, je n'en crois pas mes yeux : tout est en chêne, un grand lit doré trône au milieu de la pièce. C'est magnifique. Derrière moi, Sam met le loquet sur la porte, puis il allume la télévision, syntonise la partie de hockey, monte le volume au maximum et, pendant un instant, j'ai l'impression que mon père va sortir de je ne sais où pour hurler de baisser le son. C'est alors que je reçois le premier coup de poing de ma vie.

Quand je rouvre les yeux, je m'étonne de voir que je me tiens encore debout. Je n'ai pas le temps de lui demander pourquoi il m'a frappée que je reçois un deuxième coup, puis un troisième, un quatrième... Quand je tombe enfin, il s'assoit sur mon torse et se remet à me battre de plus belle : dans le ventre, dans le dos, au visage... Il pose ensuite ses mains sur mon cou et m'étrangle. Mon champ de vision rétrécit jusqu'à ce que je ne voie plus rien. Pendant un instant, je continue à entendre l'impact des coups sur mon crâne. Puis le monde s'évanouit.

On dit qu'on revoit sa vie en accéléré au moment de mourir. Moi, j'ai vu la vie que je n'avais pas vécue :

je n'avais pas obtenu mon diplôme d'études secondaires, je n'étais jamais allée à l'université, je n'avais pas eu d'enfants... J'aurais voulu pleurer, mais il était trop tard. J'avais l'impression d'être un cadavre de prostituée sur le plancher d'une chambre d'hôtel.

Au moment où j'accepte que ça y est, je suis morte, les voix des commentateurs de hockey émergent du néant, ma vision revient et je vois la grosse face de Sam au-dessus de moi, les veines sur ses tempes gonflées.

— T'es réveillée ? J'ai pas fini !

Il me bat encore, me viole... Nous sommes entrés dans la chambre à minuit, il s'endort à 4 heures du matin après m'avoir *forcée à le sucer*. Je l'écoute ronfler et je me dis que je pourrais sortir en hurlant ou appeler la police. Après tout, le téléphone est juste là, à portée de main. Mais je n'ai pas la force de le faire, quelque chose en moi s'est brisé. Je me roule en petite boule à ses pieds et je m'endors en me disant que demain ça ira mieux.

Trois heures plus tard, il me réveille, le sourire aux lèvres.

— Je t'ai vraiment pas manquée !

Je me regarde dans le miroir : tout mon visage est enflé, mon nez a viré au jaune et mes yeux ont disparu sous les boursouflures. Je m'inquiète surtout pour mes oreilles, j'espère qu'elles ne resteront pas en chou-fleur...

— Ramasse tes dégâts, on s'en va.

Je frotte les draps imbibés de sang dans le petit lavabo de la salle de bains et je me dis que c'est un cauchemar, que je vais bientôt me réveiller... Oui, demain ça ira mieux. Mais chaque fois que je croise le regard de mon reflet, je baisse les yeux : j'ai honte de moi-même.

Quand il ne reste plus une goutte de sang dans la chambre, nous longeons les corridors de l'hôtel jusqu'au stationnement; je me couche sur la banquette arrière de la voiture pour que personne ne voie mon visage dans cet état et nous partons. Au coin d'une rue, il s'arrête pour jeter les draps dans une poubelle publique.

À partir de ce jour-là, Sam me bat et me viole quand bon lui semble. J'utilise le mot «violer», mais ça me prend du temps avant d'accepter que c'est de ça qu'il s'agit. Il y a une partie de moi qui croit que, parce que je ne dis pas non et que je ne me débats pas, je suis consentante. Après tout, entre mes clients et lui, quelle est la différence? La notion de normalité s'est déplacée.

Chaque jour, il veut être le premier et le dernier homme à avoir des relations sexuelles avec moi: ça «annulera» les clients de la journée, dit-il. Il souffre d'insomnie et, pour l'aider à s'endormir, je lui donne un long massage. Trois heures plus tard, il ouvre les yeux et me secoue jusqu'à ce que je me réveille. Je dors à peine deux heures et demie par nuit.

Il m'achète un téléphone cellulaire, mais lui seul en connaît le numéro. Quand je travaille, je dois l'appeler toutes les demi-heures:

— Allô, bébé! Je t'aime. Je m'ennuie. Qu'est-ce que tu fais?

Il aime que les gens m'entendent dire ça et croient qu'il m'est indispensable. Il y a des filles qui deviennent réellement amoureuses de leur *pimp*, c'est quelque chose de très courant dans le métier. Ce n'est toutefois pas mon cas. Je ne me gêne pas pour le regarder avec dégoût et, quand il me frappe, plutôt que de me laisser faire, je l'insulte. Ça calme ses ardeurs assez vite.

Parce que les coups de poing et les viols ne parviennent plus à me terroriser, il cherche à se renouveler. Comme une conne, je lui ai révélé les adresses de ma mère et de ma sœur.

— On pourrait aller leur rendre visite, qu'est-ce que t'en penses ?

Le simple fait qu'il les évoque me glace le sang, il est capable de tout. Le piège se referme sur moi : si je pars, qu'est-ce qu'il leur arrivera ? Depuis notre sortie à Mont-Tremblant, j'ai accepté mon sort : je suis condamnée à mort. Mais je ne permettrai jamais qu'il touche à ma famille.

Nous finissons par quitter le centre pour personnes âgées. Sur le pas de la porte, sa mère me confie qu'elle sait ce que je vis et qu'elle prie tous les soirs pour moi. Impuissante, elle me regarde m'éloigner dans le corridor. Est-ce que sa vie a été aussi terrible que la mienne ?

Évidemment, Sam ne nous a pas trouvé un deux et demie dans un quartier misérable, il est beaucoup trop fier pour ça ! Non, nous nous installons dans un appartement sur deux étages, avec des électroménagers en inox et d'immenses fenêtres, qui donnent d'un côté sur le fleuve et le Stade olympique, de l'autre sur la ville de Longueuil. Le salon est immense, nous pourrions recevoir des dizaines d'invités. Mais la vérité, c'est que l'appartement est vide : il y a nos deux matelas jetés sur le plancher, une télé, un lecteur DVD et la centaine de films prévisionnés que Sam a achetés – il est trop parano pour s'abonner au club vidéo. Le réfrigérateur ne contient que nos péchés mignons : son pot de Cheez Whiz et mes deux litres de Pepsi – nous n'utilisons jamais le four. Comme seule vaisselle dans nos gigantesques armoires, nous avons quatre verres

Shrek 3 que vendait le McDo à la sortie du film et un gros paquet d'enveloppes d'ustensiles jetables. Quand nous allons chez IKEA, dans les cuisines et les chambres modèles, je me surprends à me projeter dans la maison de mes rêves. Nous ressortons finalement avec deux lampes à 15 dollars chacune, une pour chaque étage. Rien d'autre.

Parce qu'il dit s'ennuyer de moi, seul à la maison, il achète un chaton. Tous les jours, en rentrant de travailler, je le prends dans mes bras, le cajole... Il devient ma raison de vivre.

Un soir, nous sortons dans le bar préféré de Sam, et je n'ai vraiment pas envie d'être là. Je ne joue plus la comédie : je garde mon air bête, les bras croisés, et je ne parle à personne. Dans la voiture, il écrase son cigare sur mes jointures.

— Tu veux gâcher mon *party*, je vais gâcher le tien.

Dans l'ascenseur du bloc, je regarde le plancher, je le sens rager à côté de moi. Je ne sais pas ce qu'il manigance, mais je devine que quelque chose de terrible va se produire. Il ouvre la porte de l'appartement, notre petit chaton vient vers nous, il se frotte à mes jambes... Sam l'agrippe par la peau du cou et le lance en bas de l'escalier. Tandis que je crie, le pauvre petit regarde à gauche et à droite, l'air confus. Je me rue vers lui, le prends dans mes bras et vais me cacher dans la garde-robe. Je le flatte et lui murmure à l'oreille que tout ira bien, je crois que j'essaie davantage de me réconforter moi-même. La porte s'ouvre soudainement, Sam prend le chat par sa patte cassée et le fait tournoyer au-dessus de sa tête avant de le jeter par terre.

En déposant le chaton dans un vieux sac en papier de malbouffe, c'est moi que je vois : un cadavre qu'on jettera dans l'indifférence la plus totale. Mais je ne me laisserai pas faire : Sam périra avec moi. Je ne sais pas comment je m'y prendrai, mais je le tuerai. Je me moque de la prison.

Dès qu'il s'endort, je regarde son gros corps ronflant et suant sur le matelas et je me demande comment en finir avec lui. Nous n'avons pas de couteau, je pourrais peut-être l'assommer avec la télé ? Non, il est plus fort que moi. Il répliquerait et je ne pourrais pas me défendre.

Le soir où il m'annonce qu'il s'en va boire avec son associé, je me dis que c'est aujourd'hui ou jamais. Quand il reviendra, il sera trop affaibli par l'alcool pour répliquer. Je commence à peine à préparer mon plan que je tombe dans un sommeil que je n'ai pas connu depuis longtemps. Je rêve que je suis enterrée vivante dans le jardin de ma mère ; je vois la scène depuis son balcon et je ne peux rien faire : je regarde ma tombe, impuissante.

Je me réveille en panique. J'ai à peine le temps de reprendre mon souffle que je me rends compte de l'heure qu'il est : je n'ai pas appelé Sam pour lui dire que je m'ennuyais. C'est clair : en rentrant, il va me battre. Je me jette sur mon téléphone, Sam ne répond pas. Vingt secondes plus tard, on me rappelle d'un numéro confidentiel. Peut-être qu'il a perdu son cellulaire ? Il refuse que je parle à quelqu'un d'autre, mais si c'était bel et bien lui ? Il va être fâché si je ne réponds pas !

— Oui, allô ?

— Bonjour, je suis enquêteur pour le SPVM. On vient d'arrêter votre copain, on aimerait vous parler.

Sam m'a entraînée à mentir aux policiers. Dans la voiture, nous simulions régulièrement des interrogatoires ou des altercations. Il me disait quoi dire, quoi ne pas dire... Je suis préparée à plusieurs scénarios possibles.

— Dites-nous où vous êtes, on va venir vous chercher.

Je donne l'adresse au policier et, une demi-heure plus tard, on sonne à la porte. Depuis qu'on est face à face, l'enquêteur me tutoie. Je vois qu'il veut que je lui fasse confiance, mais j'en suis incapable.

— Est-ce que tu connais Sam?
— Non.

Sam, c'est son nom de *pimp*; je suis censée connaître uniquement son vrai prénom.

— J'imagine que t'ignores qu'il travaille dans l'industrie du sexe.
— Ah oui?
— Toi, qu'est-ce que tu fais dans la vie?
— Je programme des sites web.
— Est-ce que je peux voir ton travail?
— Je viens à peine de commencer...

Je sais que c'est ma chance de m'en sortir, mais j'ignore pourquoi il a été arrêté : peut-être que c'est uniquement pour excès de vitesse ou alcool au volant, qu'il devra payer une amende et c'est tout. Si je le dénonce, il va l'apprendre et, lorsqu'il va rentrer à la maison, je ne suis pas mieux que morte.

Au bout d'une heure, l'enquêteur me regarde une dernière fois.

— Écoute, j'ai un dossier contre lui, il est bon pour la prison. Tu me suis, oui ou non?
— J'ai une voiture neuve et un immense appartement à mon nom. J'ai besoin d'aide.

※

À ces mots, l'enquêteur m'a emmenée au poste, où j'ai tout raconté. Des années plus tard, quand j'ai revu la vidéo de mon témoignage, j'ai été étonnée du ton très froid que j'utilisais pour décrire les horreurs que je subissais. Pour survivre, j'avais dû me séparer de mes émotions.

Les mois qui ont suivi, je ne pouvais pas dormir sans une lumière allumée. S'il fallait que j'entende la chanson qu'il écoutait en boucle ou que je croise quelqu'un qui sentait le whisky, je peinais à respirer et me mettais à suer ; je pouvais même en vomir. Je me suis remise à fumer beaucoup de *pot*, quelque chose comme douze joints par jour. Je ne voulais pas consulter : il fallait arriver à jeun aux séances de thérapie et c'était trop me demander. Aussi, je ne voyais pas l'utilité de parler de ce que j'avais vécu. J'aimais mieux mettre ça derrière moi et essayer de tout oublier en me gelant la face. Mais bon, je ne faisais que remettre le problème à plus tard.

J'ai continué à travailler quelque temps dans l'industrie du sexe. Chaque fois que le téléphone sonnait à l'agence et que c'était pour moi, le cœur me levait et j'ai fini par tout abandonner pour mener une vie plus normale. Ou en tout cas essayer... Ma mère est partie vivre à la campagne et elle m'a laissé son appartement. J'ai tout repeint.

Plus jeune, j'avais fait de la randonnée dans les Adirondacks – c'est un des rares bons souvenirs que je garde de ma jeunesse. Pour essayer de me retrouver, je me suis inscrite à une expédition. Autour du feu, sous les étoiles, je me suis sentie libre et j'ai embrassé un garçon. Un mois plus tard, quand j'ai vu le signe positif sur le test de grossesse, j'ai tout de suite su que cet enfant-là, je le garderais.

J'ai arrêté de consommer et j'ai enfin accepté de demander de l'aide. Peu importe la douleur provoquée par le retour de ma lucidité, je voulais mettre mon enfant au sommet de mes priorités.

Le procès contre Sam s'est conclu quelques mois plus tard et j'ai poussé un soupir de soulagement. Tout ce chapitre de ma vie avait duré un peu plus de neuf mois, mais ça me paraissait des siècles.

Depuis, à chaque anniversaire de l'arrestation de Sam, je m'arrête un instant pour célébrer ma deuxième naissance. Après avoir été agressée par mon père, droguée et prostituée, je peux enfin m'atteler à devenir moi. Être mère, c'est la première identité que j'ai moi-même choisie. Je me cherche encore, mais je sais que ma fille fera toujours partie de la définition de ma personne.

J'ai rouvert ma plainte à l'endroit de mon père. Que je gagne cette cause ou non, ça ne m'importe pas : je le fais par principe. Je veux pouvoir être un modèle pour ma fille, être fière de ce que je vais lui répondre quand elle va me poser des questions.

Je me suis acheté une pelle et un râteau pour me faire un jardin dans la cour. Peut-être que je vais réussir à faire pousser quelque chose dans ce champ de cailloux.

Les événements traumatiques

En tant que psychologue du Centre jeunesse de Montréal, j'ai été amenée à rencontrer des personnes travaillant dans le milieu de la prostitution et de jeunes victimes de proxénètes. Au fil des années, j'ai constaté que la majorité de leurs symptômes sont des réactions psychologiques à un ou à des **événements traumatiques intenses.**

Pour la majorité des jeunes qui ont reçu des services en centre jeunesse, les événements traumatiques sont liés à des épisodes antérieurs de violence interpersonnelle (agression physique ou sexuelle, séquestration, agression armée, guerre, torture, etc.).

Plusieurs mois, voire plusieurs années après un événement traumatique, certaines personnes peuvent continuer à ressentir ses effets. La douleur qui persiste s'explique par ce qu'on a appelé un « état de stress post-traumatique » (ÉSPT).

Cet ÉSPT se caractérise par trois principaux groupes de problèmes.

1. Les symptômes de reviviscence ou d'intrusion du traumatisme :
- souvenirs ou images pénibles de l'événement ;
- cauchemars associés au traumatisme ;
- *flashs-back* ;
- réactions émotionnelles au rappel de l'événement (peur, frustration, colère, honte, culpabilité) ;
- réactions physiques au rappel de l'événement (transpiration, tension musculaire, accélération du rythme cardiaque).

Exemples : « Je n'arrive pas à me concentrer sur ce que je fais, je repense constamment à l'événement. » « Je fais des cauchemars depuis l'événement. » « Quand les images me viennent en tête, j'ai honte et je me sens coupable de ce qui est arrivé. »

Ces symptômes sont les signes que le corps tente de « digérer » l'événement, c'est-à-dire de le comprendre et de lui donner un sens.

2. Les symptômes d'évitement et d'engourdissement émotionnel en réaction à l'événement :
- effort pour éviter tout rappel du traumatisme ;
- trous de mémoire (incapacité à se rappeler certains aspects de l'événement) ;
- perte d'intérêt pour les activités habituelles ;
- sentiment d'être détaché des êtres chers ;
- incapacité à éprouver des émotions ;
- difficulté à envisager l'avenir.

Exemples : « Je n'ai pas envie de voir mes amis parce qu'ils me demandent toujours comment je me sens. » « Je ne parviens pas à me souvenir de tout ce qui est arrivé, j'ai un *black-out*. » « Je consomme de plus en plus parce que ça m'aide à ne pas penser et à me détendre.»

3. Les symptômes d'hyperactivation liés au traumatisme:
– difficulté à dormir;
– colère et irritabilité;
– problèmes de concentration;
– tendance à être à l'affût du danger;
– fébrilité, réaction de sursaut.

Exemples: «Je n'arrive pas à m'endormir avant 4 heures du matin et je me lève fatigué.» «Je suis toujours sur le qui-vive, en état d'alerte. Le moindre bruit me fait sursauter.» «Un rien m'énerve, je n'ai plus de tolérance.»

Il est possible de ressentir des symptômes de ces trois groupes à des degrés divers, et ce, durant plusieurs mois. Il se peut aussi qu'on ressente les contrecoups de l'événement beaucoup plus tard.

Survivre à un traumatisme peut être une entreprise douloureuse. Beaucoup de victimes ne comprennent pas leurs symptômes et parfois s'en veulent de les ressentir. Il faut savoir que l'état de stress post-traumatique (ÉSPT) peut toucher n'importe qui, quels que soient l'âge, l'origine ethnique, le milieu culturel ou le sexe. Des ressources existent pour venir en aide aux victimes.

Nous sommes là pour vous aider.

Marine Jacob
Coordonnatrice soutien clinique,
service spécialisé et service de santé
Centre jeunesse de Montréal
Institut universitaire

Pour comprendre le stress post-traumatique : http://www.info-trauma.org.fr

Pour connaître l'ensemble des services offerts aux victimes d'actes criminels : http://www.educaloi.qc.ca/capsules/lindemnisation-des-victimes-dactes-criminels

Pour obtenir de l'aide : http://www.cavac.qc.ca/regions/montreal/accueil.htm

Mia

La liberté

Je suis née dans le sud-est de l'Asie. Je garde de très beaux souvenirs de cette époque. J'ai été élevée par mon oncle et sa femme, dans une petite maison derrière laquelle il y avait un jardin. Le dimanche, ils m'emmenaient me baigner dans la mer, l'eau était turquoise et salée : c'était le paradis.

J'avais neuf ans quand deux étrangers sont venus à la maison. Ils avaient un air grave et ils me regardaient constamment. Mon oncle est venu me voir et, la voix cassée, il m'a annoncé que je devais partir avec eux, loin, très loin d'ici. Il m'a prise dans ses bras et, dans le creux de l'oreille, m'a confié qu'il n'avait pas le choix de me laisser partir : cet homme et cette femme étaient mes vrais parents.

Même des années plus tard, je ne comprends pas pourquoi ils ont voulu m'emmener au Canada avec eux. Ils ne m'ont jamais aimée et ils me le démontraient clairement. Je subissais la violence de mon père, ma mère ne m'a jamais prise dans ses bras et elle ne m'a jamais dit «je t'aime». Ils ne manifestaient aucune marque d'affection. J'imagine qu'ils avaient besoin de moi pour leurs dossiers à l'Immigration...

À l'école, personne ne se rend compte que je suis malheureuse : j'obtiens de très bons résultats, je suis la petite fille qui sourit tout le temps. L'école est mon seul refuge. La nuit, souvent, je rêve que je suis de retour dans mon village, en Asie. Je danse dans les rues autour de la maison de mon oncle, le soleil brille dans le ciel et je cours jusqu'à la mer. Au réveil, je peux encore sentir l'odeur du rivage, goûter l'eau salée... J'entends ma mère crier de l'autre côté de la porte et tout s'évanouit. Dehors, le vent souffle, c'est l'hiver.

Ma place n'est pas ici, au Québec. Il vaut mieux partir, il me reste seulement à trouver comment. Je pourrais fuguer, mais la police me ramènerait à la maison – ça ne ferait qu'empirer les choses. Je suis assise dans mon lit et je regarde dehors la neige tomber doucement. Le téléphone sonne. J'entends la voix de ma mère quand j'ouvre la fenêtre et que je saute du deuxième étage. Je viens d'avoir onze ans.

La mort vient juste avant que je touche le sol. Tout devient noir. J'entends des voix et je crois que c'est le Bon Dieu ou je ne sais pas quoi. Non, ce sont plutôt des gens affolés, des sirènes... Où est-ce que je suis ? Une voix se détache du vacarme, celle d'une femme. Dans un français maladroit, elle insiste pour monter avec la petite fille dans l'ambulance... Maman ? J'espère qu'elle me prendra la main, me demandera de lui pardonner, me dira qu'elle m'aime... Alors qu'on me prodigue les premiers soins, dans ma langue maternelle, elle me répète que je suis une honte pour la famille. J'aurais dû sauter du troisième.

Un médecin s'attache à moi. Il comprend rapidement que je ne suis pas heureuse à la maison et refuse de me laisser quitter l'hôpital. Il s'arrange pour toujours retarder ma sortie : à quatorze ans, selon les lois, je pourrai décider de mon avenir. Le jour de mon anniversaire, on me donne le choix : je peux aller en famille d'accueil ou en foyer de groupe.

— C'est quoi la différence ?
— Une famille d'accueil, c'est comme ta famille sauf que...
— Je veux rien savoir d'une famille.
— Foyer de groupe, donc ?

Je me retrouve avec une dizaine de filles de mon âge et deux éducatrices. À cause de mes blessures physiques, mais aussi émotives, j'avais arrêté d'aller à l'école. Quand j'y retourne, les professeurs et les autres élèves se montrent gentils avec moi, mais beaucoup plus que d'habitude. Presque trop gentils... Je pourrais continuer à sourire comme avant et en profiter, mais je ne veux plus faire l'hypocrite pour cacher ma souffrance et ma rage. Quelque chose s'est brisé et une brèche s'est ouverte. J'ai gardé ça en dedans trop longtemps, ça sort tout croche !

À l'école et au foyer d'accueil, on me donne plusieurs avertissements. Je ne respecte pas les règles de base, des choses aussi anodines que le temps imposé pour la douche, les couvre-feux, l'accomplissement de mes tâches ménagères... Aussi, je ne collabore pas du tout lors des rencontres avec mon intervenante : je reste les bras croisés et lui retourne un sourire condescendant. Je mets tout le monde au défi afin de tester les limites de chacun. Je suis consciente qu'on ne veut que mon bien, mais je m'en moque. Qu'est-ce qu'ils vont me faire ? On ne va quand même pas me tuer : c'est parce que j'ai tenté de me suicider que je suis ici.

Les autres filles du foyer me préviennent : si je n'arrête pas de faire des conneries, on finira par m'envoyer en centre d'accueil fermé.

— Et là-bas, je te le jure, c'est pas drôle pantoute !

Je hausse les épaules et retourne voir mon nouveau chum. Ensemble, nous errons dans les rues de Laval, fumons des cigarettes sur le toit des entrepôts, regardons les lumières de la ville... Évidemment, je rentre plus tard que l'heure permise.

Pour me faire réaliser ce qui m'attend, on me fait visiter le centre d'accueil fermé en question. Je suis les corridors longs et étroits la tête dans les airs et regarde autour de moi : les murs beiges sans décoration, les barreaux aux fenêtres, les portes des chambres avec une petite vitre pour qu'on puisse surveiller la personne qui dort, les immenses gardiens de sécurité, les salles d'isolement pour ceux et celles envoyés en pénitence... Tout est contrôlé, jusqu'à l'accès aux toilettes ! Pour rien au monde je ne voudrais vivre dans un endroit comme celui-là et je me promets de changer. Mais j'en suis incapable et, quelques semaines plus tard, j'y retourne, cette fois-ci avec ma valise. Je n'ai même pas quinze ans, les éducateurs m'informent que je ne sortirai qu'à dix-huit.

À mon arrivée, on me confisque mes lacets, mon vernis à ongles, ma ceinture... n'importe quoi qui pourrait me servir à me suicider. Puis on me montre ma chambre : le lit est très étroit, le matelas est dur comme de la roche et le mobilier est vissé au plancher. Les autres filles ont un petit rideau sur la fenêtre de leur porte pour avoir un peu d'intimité, pas moi : comme mon dossier indique que j'ai tenté de me tuer, je n'y ai pas droit – je pourrais m'en servir pour me pendre et il faut pouvoir me surveiller.

Les premières nuits, je ne parviens pas à dormir, tout va trop vite dans ma tête. J'entends la garde de sécurité s'approcher et, arrivée devant la porte de ma chambre, elle braque sa lampe de poche à travers la fenêtre, droit sur moi. Si je me cache sous les couvertures, elle cogne à la porte : elle veut voir mon visage. Un soir, je fais semblant d'être morte dans mon lit et elle se jette sur moi. J'éclate de rire, elle ne trouve pas ça drôle du tout.

Les éducatrices partent régulièrement et des nouvelles viennent les remplacer. Chaque fois, il me faut reconstruire une relation de confiance avec elles et je ne leur en laisse pas nécessairement la chance. Si elles ne me comprennent pas maintenant, elles ne me comprendront jamais, tant pis pour elles. Je suis dure et cruelle : je suis blessée, et tout ce que je parviens à faire, c'est blesser les autres. Et je suis pire avec les personnes que je finis par aimer : je le sais, elles aussi finiront par m'abandonner.

Comme lorsque j'étais en foyer de groupe, elles essaient de me faire parler de mon passé, de ma relation avec mes parents et des raisons pour lesquelles j'ai voulu mourir. Je les regarde en souriant, les bras croisés, et durant toute la rencontre, elles auront beau me poser des centaines de questions, je ne dirai rien.

— Va-t'en dans ta chambre.

Chaque semaine, ça se passe de la même façon.

Je me confie un peu plus à mon chum, le même qu'avant qu'on m'envoie au centre. Je lui écris une fois par semaine, et quand on me donne la permission de téléphoner, je me mets à l'appeler régulièrement. Il n'y a que trois téléphones publics et nous sommes une douzaine de filles – et des filles, ça placote ! Pour que tout le monde ait son tour, nous ne pouvons passer que cinq minutes par jour au téléphone.

J'utilise aussi mon droit de téléphoner pour discuter avec une amie que je me suis faite au centre et qui est sortie depuis. Je lui demande de me parler de sa vie en dehors des murs, je pourrais l'écouter pendant des heures... Ces cinq minutes-là passent toujours trop vite.

Sur mon calendrier, je trace des X sur chaque jour qui passe, mais qu'est-ce que j'attends ? D'avoir dix-huit ans ? Je viens d'en avoir quinze et les trois années qui me séparent de ma libération me paraissent une éternité : c'est comme si j'étais morte une deuxième fois. Je veux m'en aller, mais cette fois-ci, je ne me sauverai pas en me tuant. Je veux vivre.

Plusieurs filles essaient de sauter la clôture : elles se déchirent l'intérieur des cuisses et les bras sur les barbelés et on doit les hospitaliser. Et quand elles reviennent, leurs conditions au centre sont plus misérables qu'avant – elles perdent tous leurs acquis. Il n'est pas question que je m'évade de cette façon-là.

Je retrouve mon personnage de bonne petite fille qui sourit tout le temps et, grâce à lui, je gagne certains privilèges. Bientôt, on me laisse aller toute seule aux toilettes et je suis tellement contente ! Je finis par croire que je suis vraiment une bonne petite fille et je m'attache à une éducatrice. J'apprends à lui faire confiance et nous devenons proches. Un jour, je lui avoue que la vie au centre n'a pas de bon sens et elle me dit que, si elle me comprend, elle ne peut rien faire – elle aussi doit respecter les règles.

Je joue le jeu du centre, mais je n'oublie pas mon objectif. Quand on me permet de participer à la sortie de cinéma, j'appelle mon amie et, tout bas, je lui explique mon plan : à une heure précise, je sortirai de la salle et elle m'attendra dans une voiture. Pour que je la repère facilement, elle klaxonnera deux coups.

— T'es sérieuse ?
— Je vais quand même pas rester trois autres années ici. J'en peux plus !
— ...
— Sois là à l'heure, hein ? Sinon je suis faite !

Je n'ai aucune idée de ce que raconte le film, je regarde ma montre sans arrêt. Deux minutes avant l'heure convenue, je demande à la surveillante si je peux aller aux toilettes.

— Fais ça vite.

Je me dirige directement vers la sortie. Dans la rue, je prends un instant pour sentir le vent souffler sur mon visage. Puis je regarde autour, je n'entends pas de coups de klaxon... Je ne peux pas me permettre d'attendre, il faut que je bouge de là sinon je vais me faire prendre. Je monte le col de ma veste et je pars. Je n'ai nulle part où aller, je marche et c'est tout.

J'arrive au métro Jean-Talon, où j'appelle une autre amie. C'est sa mère qui répond. Elle me dit que je peux passer la nuit chez elle, mais demain, il faut que je retourne au centre. Je raccroche et me remets à marcher. Je sais que ma fuite est irresponsable, mais c'est aussi la seule chose qui me semble sensée. Pour moi, c'est de rester au centre d'accueil qui serait de la pure démence.

Au coin d'une rue, un gars dans la fin de la vingtaine m'aborde. Il n'est pas habillé comme un petit con, il a l'air d'un adulte. Je suis convaincue que c'est un policier et qu'il va me ramener au centre.

— Qu'est-ce que tu fais ?
— J'attends quelqu'un…
— Dommage… Je t'aurais invitée à prendre un verre.
— Moi ?
— Je te trouve vraiment belle.

Non, ça ne peut pas être un policier : un policier n'inviterait jamais une petite fille comme moi dans un bar ! Et il ne me complimenterait pas. Il ne connaît pas mon âge – comporte-toi comme une adulte, Mia !

Nous nous installons sur une terrasse. Il me dit qu'il s'appelle Spike et il s'arrange pour que je voie qu'il a beaucoup d'argent dans son portefeuille. Il veut sûrement m'impressionner, mais en fait, j'ai juste envie de le lui voler et de partir en courant.

Chaque fois que des policiers passent près de nous, je baisse les yeux et cache mon visage derrière mes mains.

— T'as quel âge, toi, au fait ?
— …
— Tu peux me le dire. Pour vrai !
— Quinze…

Il m'offre de dormir avec lui à l'hôtel et, même si je ne lui fais pas nécessairement confiance, je me dis qu'au moins j'aurai quelque part où passer la nuit.

Arrivés à la chambre, nous jasons de tout et de rien. J'ai l'impression qu'il s'intéresse réellement à moi. Il est de plus en plus attentionné et je lui avoue que je suis en fugue du centre jeunesse.

— Inquiète-toi pas. Je suis là pour toi.

Plus la nuit avance, plus nos corps se rapprochent. Nous finissons par coucher ensemble.

Quand je me réveille, il fait soleil et je panique : en plein jour, je ne pourrai pas me cacher des autorités, on va vite me retrouver. Il me rassure : après le petit-déjeuner, nous irons chez le coiffeur, puis m'acheter de nouveaux vêtements.

— J'ai pas d'argent.

— Bah, tu me rembourseras en temps et lieu.

Au salon, on me teint les cheveux en rouge vin. En me regardant dans le miroir, je me trouve vraiment belle. Spike se tient derrière moi et il me sourit dans la glace. Je me sens comme une nouvelle personne, je suis enfin bien dans ma peau.

Il m'informe qu'il doit aller quelque part et je suis déçue. Je ne suis pas assez naïve pour croire qu'il m'aime, mais bon, au fond peut-être que c'est ce que j'espère. Il me donne 20 dollars et m'appelle un taxi : je l'attendrai chez lui.

Une fille à moitié nue m'ouvre. Elle me regarde des pieds à la tête, me dévisage et retourne à l'intérieur. Je la trouve vraiment sexy : elle a un corps d'enfer. Peut-être que c'est la copine de Spike ? Pour ne pas m'attirer d'ennuis, je ne mentionne pas que lui et moi avons passé la nuit ensemble. Je vais m'asseoir sur le divan et ne bouge plus, ne parle plus.

La sonnerie du téléphone me réveille deux heures plus tard. J'écoute parler l'autre fille et je comprends que c'est Spike au bout du fil. Elle dit que non, elle ne peut pas me prêter des vêtements, nous n'avons vraiment pas le même corps...

— C'est bon, je vais l'emmener magasiner...

La coloc et moi marchons sur la Plaza Saint-Hubert. Elle me dit de l'appeler Crystal – ce n'est évidemment pas son vrai nom. Elle n'est pas gentille avec moi, mais je m'en fous : le soleil brille et je découvre Montréal.

Dans la première boutique où nous entrons, on ne vend pas des vêtements d'adolescente, mais des déshabillés sexy couverts de paillettes... Crystal choisit quelques articles, me les tend, et je vais les essayer dans la cabine d'essayage. Je me regarde dans le miroir : de quoi j'ai l'air ? Crystal est déjà en train de payer.

Nous passons d'une boutique à une autre et je me retrouve avec des chaussures à semelles plateforme, du maquillage, du vernis à ongles... C'est Crystal qui choisit tout pour moi.

Nous revenons à la maison. Spike veut me voir dans mes nouveaux vêtements. Je les enfile et parade devant lui. Il me trouve très jolie, ça me fait rougir. Il se tourne vers Crystal.

— Tu devrais l'emmener avec toi au travail, lui montrer comment ça marche...

Un chauffeur passe nous prendre et nous allons dans un bar de danseuses dans l'est de la ville. Dans le vestiaire, je me compare aux autres filles, et Crystal se moque de moi.

— Devinez quel âge elle a, la p'tite. Quinze ans !

Des rires, des sifflements... J'enfile mes nouveaux vêtements et vais la rejoindre sans rien dire, la tête basse.

Sur le plancher, je reste dans mon coin et l'observe. Elle fait rire les hommes, tout le monde semble la désirer. Est-ce que je vais être capable de faire ça un jour ? Arrête d'être gênée et de rester plantée là à rien faire, maudite *nounoune* – vas-y, fonce !

Un homme dans la soixantaine me sourit. Je me dirige vers lui en essayant de le regarder droit dans les yeux. Il veut sûrement que je lui fasse une danse, mais je ne sais pas comment faire. Du coin de l'œil, j'observe la fille qui se déhanche sur scène et, quand j'ai refermé la porte de l'isoloir derrière nous, j'essaie d'imiter les gestes de la danseuse. La chanson se termine et l'homme me paye en me remerciant.

Un portier m'attend à la sortie, le patron veut me parler. Il est immense et je le suis jusqu'au bureau. Mon cœur bat à toute vitesse.

C'est une petite pièce sombre, sans aucune fenêtre. Il me regarde un long moment.

— Tu devrais pas travailler dans un endroit comme ici. En fait, tu devrais t'en aller, pis tout de suite.

Dans la salle d'essayage, je suis au bord des larmes. J'empoigne mes vêtements et sors en vitesse : je n'ose pas prendre le temps de me changer. Qu'est-ce que je vais faire ? Je ne peux quand même pas prendre l'autobus – pas habillée comme ça ! Et pour aller où de toute façon ? L'homme pour qui j'ai dansé dans l'isoloir passe devant moi.

— Vous êtes très belle, mademoiselle ! Très belle !

Ça me fait sourire et je décide de prendre un taxi. Je paye avec les 10 dollars que j'ai gagnés et, quand j'arrive à la maison, Spike règle la différence.

Je sens qu'il est furieux. Je lui explique que ce n'est pas de ma faute, mais il ne veut rien entendre. Il appelle Crystal et l'engueule comme du poisson pourri. Il retrouve son calme et vient me voir dans la chambre.

— Inquiète-toi pas, tout va s'arranger.

Il passe une vingtaine de coups de téléphone. Au bout d'une heure, il m'informe que je m'en vais à Laval, dans un bar à gaffes. Il n'est plus fâché, il me donne une seconde chance.

Un chauffeur passe me prendre quelques minutes plus tard. Quand nous passons devant le centre d'accueil, je me cale dans mon siège.

Une femme dans la quarantaine m'accueille et m'explique le fonctionnement du bar. Elle a un corps magnifique, mais son visage révèle toutes les horreurs qu'elle a vécues. Je ne veux pas finir comme ça. Ce n'est que temporaire : oui, bientôt j'aurai gagné assez d'argent et je m'en irai.

Je rentre à la maison huit heures plus tard. Le lendemain, quand je veux compter mes billets, je me rends compte qu'ils ont disparu de mon portefeuille. Le surlendemain aussi. Le jour d'après, j'apporte mon sac à main dans la salle de bains et, tandis que je suis sous la douche, je ne le quitte pas des yeux. Je veux savoir si c'est elle ou lui qui me vole. Si c'est elle, je vais lui sauter au visage et la griffer. La porte s'entrouvre, un bras d'homme s'étire, prend mon sac et le remet à sa place. Non, c'est lui… Qu'est-ce que je peux faire ? Je dors chez lui, il me paye tout. Je ravale ma haine et sors en souriant… Je suis aussi hypocrite qu'au centre d'accueil.

Je danse dans le même bar de Laval pendant deux semaines, du matin jusqu'au soir, sept jours par semaine. Le soir, je rentre, je dors un peu, je constate que Spike m'a pris mon argent et, le lendemain, je retourne danser.

Tous les matins, je passe devant mon ancien centre d'accueil. Je pense de plus en plus à ouvrir la portière, à me jeter en bas de la voiture et à courir jusque là pour cogner à la porte et les supplier de me reprendre ! Je sauterais peut-être la clôture, mais dans l'autre sens.

Un soir, en arrivant à l'appartement, j'entends crier. Crystal a fait ses valises et elle envoie promener Spike en hurlant et en pleurant. Lui, il hoche la tête en la traitant de salope. Une femme dans la quarantaine débarque et je comprends qu'il s'agit de la mère de Crystal. Elle pose sa main sur mon épaule et m'offre de partir avec elles. Je baisse les yeux et vais m'enfermer dans ma chambre. Je ferais peut-être mieux de les rejoindre... Non, je ne peux pas leur faire confiance. Je ne peux faire confiance à personne. Au moins ici je sais à quoi m'en tenir.

Je ne reverrai plus jamais Crystal. Il ne reste que Spike et moi dans l'appartement.

Au fil des jours, il devient très agressif – il faut que je gagne toujours plus d'argent. Après ma journée de travail au bar de danseuses, il m'emmène dans un motel. Toujours dans ma petite tenue, j'erre dans le stationnement et attends qu'un homme vienne vers moi. Nous parlons un peu et il me mène à l'intérieur – c'est Spike qui fixe les prix, il attend dans une autre chambre. Après, je retourne le voir, lui donne l'argent et regagne le stationnement.

À la maison, je tiens à peine debout. Il faut que je fasse le ménage, l'épicerie... Spike reste écrasé dans le divan à jouer aux jeux vidéo avec ses amis. Je suis sa chose : je suis morte une troisième fois.

Un soir, un client me paye du vin mousseux. Il est mignon, il me fait rire et, pendant un instant, j'oublie mes soucis.

— Veux-tu passer la nuit ici ?

Je reviens tout à coup à moi.

— Non, je... je peux pas.

Sa flûte de mousseux à la main, le pauvre gars me regarde me rhabiller sans trop comprendre ce qui se passe. Je cache l'argent qu'il m'a donné dans ma culotte et cours rejoindre Spike dans sa chambre.

— Qu'est-ce que tu foutais, *crisse* ?

Il m'arrache mon sac à main, cherche l'argent à l'intérieur et vide tout ce qu'il contient sur le lit...

— Y est où, mon argent ?

Sans me donner le temps de lui répondre, il s'élance et me frappe. Soudainement, j'ai vraiment peur. Il est hors de question de laisser un homme me frapper comme mon père le faisait. Je me suis sauvée du centre d'accueil, mais d'abord et avant tout, je me suis sauvée de ma famille. Il n'est pas question que je retrouve une vie qui m'a donné envie de me tuer.

Je ramasse mes affaires et lui dis que je vais rejoindre mon client. Arrivée dehors, je saute dans un taxi et quitte le motel.

— Où est-ce que vous allez, mademoiselle ?

Je n'en ai aucune idée. Au chauffeur, je dis simplement de continuer tout droit. J'ai un paquet d'argent dans ma culotte, la voiture roule et je souris. Je pourrais aller jusqu'au bout du monde.

Dans une cabine téléphonique sur le bord de l'autoroute, j'appelle mon chum. Ça fait à peine trois semaines que je ne lui ai pas parlé, mais ça m'a semblé une éternité. Je pleure de joie quand j'entends sa voix au bout du fil. Je lui demande si je peux passer la nuit chez lui et lui fais croire que le centre m'a donné une permission spéciale.

— J'ai hâte de te voir.

J'arrive chez lui une heure plus tard, la course m'a coûté 120 dollars. Je reste un instant dans la voiture : la lumière de la cuisine est allumée, le soleil commence à se lever par-dessus le toit de la petite maison de banlieue où habite mon chum. À moins qu'il se couche ? Quelle heure est-il ? Je porte encore mes vêtements de danseuse et, avec mes cheveux rouge vin, j'ai l'air de... Qu'est-ce que je vais bien pouvoir inventer comme mensonge ? Dans le vestibule, sa mère et ses frères me dévisagent. J'essaie de cacher la contusion sur mon visage avec une mèche de cheveux. Tout le monde me pose des questions, moi, je veux juste dormir.

Le lendemain matin, mon amoureux m'informe qu'il doit aller voir un ami à l'hôpital et m'invite à l'accompagner. Nous nous assoyons dans la salle d'attente. Cinq minutes plus tard, des policiers viennent vers nous. Ils sont là pour moi.

***

Le lendemain, mon chum m'a téléphoné au centre d'accueil, il voulait s'expliquer. Je lui ai raccroché au nez. Je comprends aujourd'hui qu'il a fait ça pour mon bien, mais je ne pouvais pas lui pardonner de m'avoir trahie.

Ma chambre n'avait pas été attribuée à une autre fille, j'ai pu la retrouver dans l'état où je l'avais laissée. Je faisais le ménage quand mon éducatrice est venue me voir dans ma chambre. Elle s'est assise sur mon lit.

— J'ai pas été surprise d'apprendre que t'étais partie. Mais je me suis tellement inquiétée.

Elle m'a prise dans ses bras et nous n'avons plus jamais reparlé de ma fugue. Elle a vu les vêtements que j'avais sur le dos à mon retour et elle a compris ce que j'avais vécu. Peu à peu, j'ai regagné sa confiance et, bientôt, j'ai pu retourner au cinéma. Cette fois-ci, je ne suis pas partie pendant le film. J'ai pleuré à la fin.

Les éducateurs m'ont finalement laissée partir une semaine avant mes dix-huit ans – ç'a été ma petite victoire. J'étais entrée au centre parce que j'avais essayé de me tuer, maintenant il fallait me laisser vivre.

Avec le recul, je pense que c'est mon caractère qui m'a sauvée. Une de mes amies a elle aussi été victime de Spike. Elle est restée sous son emprise beaucoup plus longtemps que moi et, quand il a finalement été arrêté, j'ai été déçue de ne pas la voir se présenter au procès. J'imagine qu'elle avait trop peur.

Spike a été condamné à la prison.

Je suis retournée aux études et, quand j'ai obtenu mon diplôme, je me suis trouvé un très bon emploi. Je ne dirai pas où, tout ça est derrière moi et je ne veux pas qu'on me reconnaisse.

Dès que j'ai eu suffisamment d'argent, je suis retournée dans mon pays. Mon oncle venait de faire son jogging et, même s'il était tout en sueur, je l'ai serré fort, fort, fort dans mes bras. Rien n'avait changé, les rues de mon village sentaient aussi bon que dans mes rêves. Un jour, j'espère pouvoir y emmener mon fils.

Des années plus tard, j'ai lu la biographie *Moi, Christiane F., 13 ans, droguée, prostituée*[4]. C'est un livre qui m'a profondément touchée. J'aurais voulu le lire quand j'étais en centre d'accueil, ça m'aurait sans doute prévenue des dangers qui m'attendaient en dehors des murs. C'était la première fois qu'on me disait : je suis comme toi, je te comprends. Quand j'ai rejoint *Les Survivantes – SPVM* des années plus

---

4. *Moi, Christiane F., 13 ans, droguée, prostituée...*, Éditions Gallimard, collection Folio, 2013.

tard, j'en ai parlé aux policières responsables du programme et c'est ce qui a mené à l'écriture de ce livre. Je veux que toutes les filles qui liront mon histoire sachent qu'elles ne sont pas seules. Que je suis là.

Le cheminement de Mia, raconté par un intervenant

L'histoire de Mia ressemble à celle de bien d'autres petites filles, venues d'ailleurs ou non. Avec un statut légal ou non. Durant son enfance, Mia a certainement été victime de différentes formes de violence. Par amour pour l'enfant, son oncle et sa tante l'ont accueillie chez eux et l'ont élevée comme leur propre fille. Mais bientôt, ses parents biologiques sont revenus la chercher et son oncle et sa tante n'ont rien pu pour elle. Mia a été séparée de sa nouvelle famille aimante.

Après sa tentative de suicide, un médecin a constaté sa détresse et a choisi de prolonger son hospitalisation : à quatorze ans, elle pourrait se présenter elle-même devant le tribunal de la jeunesse pour demander à vivre en famille d'accueil ou en foyer de groupe. C'est ainsi qu'elle a pu mettre une croix sur son passé houleux.

Au Québec, on a beau avoir mis en place des structures visant à aider les enfants en détresse, parfois, la vie qui les attend n'est pas de tout repos...

*
**

Voici un résumé des différents types de service et d'hébergement qui sont offerts[5].
– Famille d'accueil : un couple d'adultes héberge des jeunes dans sa maison, comme *une vraie famille*. Le couple est rémunéré par le centre jeunesse.
– Ressource intermédiaire : résidence gérée par des intervenants – neuf jeunes du même âge y cohabitent.
– Foyer de groupe : résidence où neuf jeunes habitent sous la supervision d'intervenants des centres jeunesse. Deux ou trois éducateurs sont présents.
– Service d'encadrement dynamique élevé : ce service offre un type d'encadrement plus serré. Douze jeunes y vivent sous la supervision de trois éducateurs. Le niveau d'encadrement répond aux besoins de jeunes demandant plus de structure.
– Service d'encadrement intensif : unité de vie située dans un centre jeunesse, qui peut accueillir une douzaine de jeunes. Contrairement aux autres types d'unité de vie du centre jeunesse, les portes d'accès de cette unité sont verrouillées en permanence.
Si le comportement d'un jeune nuit à sa sécurité ou à celle des autres (fugues qui l'entraînent dans des situations dangereuses, consommation problé-

---

5. Informations tirées de : *Tu es hébergé dans une unité d'encadrement intensif du centre jeunesse*, Centres jeunesse du Québec et Santé et Services sociaux du Québec, 2007.

matique de drogue ou d'alcool, actes ou comportements violents ou autres), un juge peut exiger qu'il soit hébergé dans une unité d'encadrement intensif.
– Unité d'arrêt d'agir : unité temporaire permettant de trouver des moyens positifs pour mettre fin à « l'agir négatif ».

L'intervenant ne juge personne. S'il se sent en confiance, le jeune aura davantage de facilité à verbaliser ses sentiments. Si l'intervenant s'intéresse au jeune pour ce qu'il est, celui-ci acceptera mieux de s'ouvrir et de se révéler, de confier ses rêves, ses douleurs… Et c'est comme ça que l'intervenant pourra véritablement l'aider !

En ce qui concerne les jeunes filles aux prises avec un souteneur, voici quelques informations qui peuvent leur être utiles.
– Il est important de connaître le nom complet de la personne avec qui elles partent. Un surnom n'a rien de rassurant…
– Depuis mai 2007, l'âge légal requis pour consentir à des relations sexuelles est passé de quatorze à seize ans. De manière générale, l'âge du consentement à une activité sexuelle est fixé à seize ans. Si les contacts sexuels sont volontaires, les adolescents peuvent en avoir sans crainte de voir le partenaire plus vieux être accusé. En ce sens, un enfant de douze ou treize ans peut consentir à une activité sexuelle avec une personne de moins de deux ans son aînée.

Pour les contacts sexuels où le plus jeune des partenaires est âgé de quatorze ou quinze ans, le consentement est reconnu par la loi s'il n'y a pas plus de cinq ans de différence entre les partenaires et que le plus âgé n'est pas en situation d'autorité, de confiance ou d'exploitation vis-à-vis du plus jeune. Les relations sexuelles à cet âge sont aussi acceptées si les partenaires sont mariés.

Dans les cas où le plus âgé des partenaires est en situation d'autorité, de confiance ou d'exploitation vis-à-vis du plus jeune ou que ce dernier est en situation de dépendance envers lui, le plus jeune partenaire devra avoir au moins dix-huit ans.

– Les femmes proxénètes ou les entremetteuses : une adolescente doit se méfier d'une femme l'amenant dans une boutique où il se vend uniquement de la lingerie et des vêtements de « spectacle ». Dans l'histoire de Mia, cette dernière va magasiner avec Crystal sans relever les signes avant-coureurs de recrutement.

– L'abus de pouvoir : Mia raconte que, à la maison, il faut qu'elle s'occupe de tout, le ménage, les repas et l'épicerie. Spike, son *pimp*, joue aux jeux vidéo avec ses amis. Elle a l'impression d'être sa chose. Sa vie n'a plus de sens pour elle. D'abord, elle se sent morte en se faisant déraciner de son pays, puis à cause de sa tentative de suicide, et maintenant avec la perte de sens de sa vie.

***

Le souteneur de Mia lui a rappelé la violence de son père et, pour elle, c'était inacceptable. Mia ne voulait pas revivre son passé violent. C'est la vie au centre d'accueil qui l'a sauvée.

Depuis, Mia a refait sa vie. Elle a un enfant. Si elle a raconté son histoire dans ce livre, c'est parce qu'elle souhaite que son récit puisse aider d'autres femmes à se sortir de situations semblables.

Martin Pelletier, éducateur
Centre jeunesse de Montréal
Institut universitaire

L'histoire de Mia est aussi celle de plusieurs jeunes femmes

De nombreuses personnes caressent le rêve de s'établir au Canada dans l'espoir d'y trouver une vie meilleure. Pour certaines, ce rêve deviendra réalité ; pour d'autres, il se transformera en cauchemar.

Quitter une famille aimante a dû être extrêmement difficile pour Mia. Cette histoire d'horreur n'est pas la première que j'entends. Au cours de ma pratique à titre d'avocate en droit de l'immigration, j'ai rencontré nombre d'adultes subissant des conditions abominables. Souvent, ils les endurent dans l'espoir que bientôt les choses s'arrangeront. Ce n'est malheureusement que très rarement le cas. Plusieurs n'obtiennent jamais leur statut d'immigrant et sont finalement expulsés du Canada.

Mon travail consiste à aider ces personnes à régulariser leur situation au pays. Différents moyens existent pour ce faire, notamment le dépôt d'une demande de permis de séjour temporaire, d'une demande d'asile ou de résidence permanente pour considérations humanitaires.

Bien qu'il s'agisse de démarches différentes, un dénominateur commun les relie : la victime doit arriver à exprimer ce qu'elle a vécu. Elle y va à son rythme. Elle est vulnérable et a besoin de notre soutien et de nos encouragements afin de parvenir à surmonter sa peur. Une partie de mon travail consiste à l'amener à percer la bulle de son silence. En ce sens, il est crucial d'établir une relation de confiance avec elle. Je me fais un devoir de la rassurer quant à la confidentialité de ses déclarations : en tant qu'avocate, je suis tenue au secret professionnel. Elle peut tout me dire.

Chaque cas étant unique, je me dois de bien expliquer à ma cliente ses options. Elle doit pouvoir choisir en toute connaissance de cause les démarches qui lui paraissent les plus appropriées et qu'elle désire que nous entreprenions ensemble.

Dans le cas d'une agression, il est important de faire comprendre à la victime qu'elle n'a aucune obligation de porter plainte ; elle ne doit ressentir aucune pression de la part de qui que ce soit. Toutefois, cela pourrait apporter une certaine crédibilité à son histoire. Il existe cependant d'autres façons de l'étayer.

Si le gouvernement canadien statue qu'une personne est bel et bien victime de traite, plutôt que de procéder à une expulsion, il pourrait lui offrir un statut temporaire ou permanent. Depuis 2002, des engagements ont été pris pour venir en aide aux victimes de prostitution. Si nous allons dans la bonne direction, il reste tout de même encore beaucoup de chemin à parcourir en ce qui concerne le respect des droits des victimes. À force de parler et de dénoncer la réalité vécue par ces enfants, ces femmes et ces hommes venus de l'étranger dans l'espoir d'une vie meilleure, davantage oseront demander de l'aide et le gouvernement ne pourra être que plus sensibilisé au sujet de cette triste réalité.

Femmes et hommes, toutes origines confondues, doivent voir respecter leurs droits et libertés !

Me Marie-Andrée Fogg
du Bureau d'aide juridique
Droit de l'immigration

440, boulevard René-Lévesque Ouest
Bureau 1001
Montréal (Québec) H2Z 1V7
Tél.: 514 849-3671
Téléc.: 514 849-5004

Chantal

La famille

On me dit tellement souvent que je n'ai pas l'air d'une *junkie* que je me surprends parfois à y croire. Je me piquais dans le pied pour que les aiguilles ne laissent pas de traces sur mon corps. C'est ma mémoire qui est couverte de cicatrices.

En thérapie, on a qualifié ma famille de dysfonctionnelle. La vérité, c'est que tout y était réglé au quart de tour. En fait, c'était sans doute la famille la plus fonctionnelle qui soit: dès ma naissance, tout était prévu pour moi. J'ai longtemps été reconnaissante envers ma mère de m'avoir transmis sa féminité: j'étais très élégante, je savais comment parler aux hommes, comment sourire et regarder pour plaire... Des années plus tard, je me suis rendu compte que ce n'était pas un don désintéressé. Non seulement elle savait ce qui m'attendait, mais elle m'y préparait.

※

Quand j'ai quatre ans, mon grand-père m'emmène dans son chalet. C'est un petit *shack* sur le bord d'un lac, et j'ai toujours aimé aller passer les fins de semaine là-bas. Dans sa chaloupe, il me montre son pénis en me le présentant comme un robot. Il m'agresse régulièrement à partir de ce jour-là et, quelques mois plus tard, il me vend à ses amis pédophiles. En plus de subir des mises en scène sexuelles, je suis battue, attachée à des poteaux et violée par un chien.

Je supplie ma mère de ne pas laisser mon grand-père m'emmener au chalet. Je suis complètement terrorisée de me retrouver seule avec ces hommes. Elle réplique qu'il faut que je «fasse ma part»: elle a besoin d'argent pour payer le loyer et rembourser ses cartes de crédit. J'en viens à croire que c'est normal. Que ça se passe comme ça dans toutes les familles. Aussi, mon grand-père me menace: si je raconte ce qui se passe au chalet, j'irai en prison.

La clientèle est variée et nombreuse. Si plusieurs hommes reviennent souvent, il y en a beaucoup que je vois une fois ou deux seulement. Je ne saurais estimer le nombre d'hommes que j'ai vus durant mon enfance.

En ville, j'habite l'appartement au-dessus de celui de mon grand-père et parfois, le soir, il me fait descendre pour regarder des films pornos avec lui. Il aime surtout ceux où les femmes sont victimes de violence. Il a aussi une collection de films néonazis où des femmes sont soumises à des expériences de laboratoire.

Je ne dois jamais porter de petite culotte. Quand ma sœur et moi montons dans l'auto de mon grand-père, il s'assure que je respecte le règlement. Si j'en ai mis, il me menace de toucher à ma sœur. Je les enlève sur-le-champ.

Je suis une petite fille choyée. Tout porte à croire que je suis gâtée : je possède au-dessus de deux cents Barbie et je peux rivaliser avec elles tellement ma garde-robe est garnie. Je suis une carte de mode sur deux pattes, et quand je me regarde dans le miroir, je me trouve belle. Par chance, il ne me renvoie pas mes émotions, et mon image me permet de croire que je suis heureuse.

⁂

J'ai huit ans quand des policiers viennent me rencontrer à l'école – quelqu'un de mon entourage les a probablement informés que je suis victime de pédophilie. Ils portent leur uniforme et je suis très intimidée.

En vieillissant, je me rends compte de l'emprise que mon grand-père avait sur moi. Il m'avait inculqué une peur et une culpabilité qui me donnaient l'impression d'être responsable de tout ce qui m'arrivait. Rien ne me serait arrivé si je n'avais pas eu de beaux grands yeux noirs, des cheveux soyeux et une petite bouche en cœur... J'étais coupable d'être jolie et, dans mon esprit, si quelqu'un devait aller en prison, c'était moi.

Seule avec les policiers, quand ils me demandent si j'ai été agressée sexuellement, je hoche la tête et nie tout. Je n'ai jamais entendu ces mots-là. Dans le milieu d'où je viens, on parle plutôt de *plote* et de *graine*. On se fait *fourrer*, pas *abuser sexuellement*! Si les policiers avaient employé les mots que je connaissais, peut-être que j'aurais parlé et dit ce que je subissais.

⁂

Mon grand-père m'initie au haschich et, à onze ans, il me fait prendre ma première ligne de coke. J'entre dans l'adolescence et mes amies m'envient : je suis chanceuse d'avoir un parent comme lui. Dans sa garde-robe, il y a une immense brique de hasch – je peux mordre dedans pour en arracher un bout, je prends ce que je veux.

Oui, c'était mon bourreau, mais à cet âge-là, je le considérais surtout comme ma famille. Si lui me faisait mal, qu'est-ce qu'un étranger m'aurait fait ? Je ne faisais confiance à personne.

⁂

À mon premier chum, je fais croire que je suis vierge. Il faut que je joue le rôle de la petite fille parfaite que je suis censée être. J'attends un an avant de faire l'amour avec lui, je dis que je veux être certaine *d'être prête*. Il me quitte le jour où je le laisse faire. Après, je me mets à coucher avec n'importe qui : j'ai de la difficulté à me faire des amis. Le sexe me permet d'être aimée et me procure du respect.

Un jour, à l'école, un gars glisse ses mains sous ma jupe pendant que je bois à la fontaine. Je vois rouge : je l'agrippe par les cheveux et envoie sa tête dans le fond de l'évier. Il a la bouche en sang et il lui manque plusieurs dents.

Je suis suspendue pendant un mois. À mon retour, par la façon qu'ont les autres élèves de me regarder dans les corridors, je sais que je suis devenue quelqu'un. La violence s'est avérée tout aussi efficace que le sexe pour me faire respecter.

Je ne couche plus avec les gars, je leur casse la gueule. Il suffit que je me connecte à ce qui gronde au fond de moi pour que je me déchaîne. Je mesure à peine cinq pieds, mais je suis une force de la nature. Par-dessus tout, ce que j'aime, c'est casser des dents. J'ai l'impression de ne pas avoir terminé tant et aussi longtemps que je ne les entends pas craquer dans la bouche de ma nouvelle victime.

Je deviens la terreur de ma cour d'école et des arcades de la Plaza Saint-Hubert. Un jour, je m'en prends à une fille et, le lendemain, son chum veut régler mon compte une fois pour toutes.

Il en mange toute une.

Je dois toutefois avouer qu'il s'est mieux défendu que les autres : c'est un Italien, un vrai de vrai. Quelques jours plus tard, il devient mon chum.

⁂

Ma mère meurt d'un cancer généralisé peu de temps après. J'ai dix-sept ans. Comme je n'ai plus aucun lien avec mon beau-père, il me met à la porte et je m'installe chez mon conjoint – je me sens en sécurité avec lui. Quelques mois plus tard, je tombe enceinte et je prends mes distances par rapport à mon grand-père.

Celui-ci vient me rendre visite à l'hôpital. Il prend ma fille dans ses bras avant de me confier qu'il la trouve aussi belle que moi. Je panique et, dans les semaines qui suivent, je me mets à consommer beaucoup de drogue. Mon conjoint n'en peut plus de me voir me détruire et il finit par me quitter.

⁂

Parce que je refuse de rentrer dans les rangs, mon grand-père me fait suivre dans la rue et un jour il m'aborde alors que je marche avec ma fille. Si je ne veux pas qu'il me la prenne pour lui faire vivre la même chose que j'ai vécue, je sais ce que j'ai à faire, me dit-il.

Je retourne donc vivre au-dessus de chez lui. Je suis devenue trop vieille pour son réseau de pédophiles, alors il me force à danser. Je dois lui donner tout l'argent que je gagne.

Pour me protéger, je me cherche un chum avec la même force que le précédent. Je me retrouve avec un autre batailleur, et en moins d'un an, je retombe enceinte. Son problème de drogue s'additionne au mien et, à la mort de son père, sa schizophrénie se déclare et sa violence se retourne contre moi. Il me bat tous les jours. Je vis dans la peur constante de me faire tuer. Un jour où nous sommes en auto, depuis une autre voiture, un homme me regarde un peu trop longtemps à son goût. Furieux, il sort une arme à feu de la boîte à gants et tire par la vitre. Le revolver est à quelques centimètres de ma tête et la détonation perfore mes tympans. L'autre voiture démarre à toute vitesse, j'entends un long sifflement, mais au moins le conducteur est vivant.

Ma vie n'a plus de sens. Je veux sauver mes enfants de ce cauchemar. Je profite de l'absence de mon chum pour faire mes valises. Il revient au moment où je m'apprête à partir : ma fille est juste là, devant moi, et je tiens dans mes bras mon fils âgé d'à peine deux mois. Mon chum me prend par la gorge et pose le canon de son arme sur ma tempe.

— Si moi, je peux pas t'avoir...

Je me dis que ça y est, c'est fini, quand j'entends sa mère hurler dans le cadre de la porte. Elle et son fils se regardent un long moment, figés. Je profite de cet instant de suspension pour me sauver.

Je vais demander de l'aide dans un centre pour femmes battues. Une intervenante discute avec moi tous les jours.

— Il y a quelque chose que tu caches, c'est évident. Tant que tu l'auras pas dit, personne va pouvoir t'aider.

Deux semaines plus tard, j'éclate en sanglots et je lui raconte tout. Je me sens tout à coup légère : si mon ex-conjoint me bat, c'est parce que j'ai été agressée ; quand je lui aurai tout dit, il va m'accepter et m'aimer, tout va rentrer dans l'ordre. Je le rencontre pour lui demander de me pardonner. Quand j'ai terminé mon récit, il me bat en me traitant de chienne.

Mon beau-père vient me chercher au centre d'hébergement. J'ai le visage enflé, je pleure et ne dis rien. Après le souper, je couche mes enfants et je vais m'enfermer dans la salle de bains du sous-sol. C'est décidé : je m'ouvrirai les veines, et mes souffrances seront enfin terminées. Mon fils et ma fille seront mieux sans moi de toute façon. Alors que la lame est posée sur mon poignet, des policiers cognent à la porte en menaçant de la défoncer si je ne l'ouvre pas tout de suite. Mon beau-père les a appelés.

Au moment où je quitte la maison, ma fille sort de la chambre et court vers moi. Je me penche pour l'embrasser quand les agents me plaquent contre le mur et me menottent, croyant sûrement que je veux lui faire du mal. Le sang me monte à la tête, je me débats, je hurle. Je veux leur casser les dents.

Je me réveille à l'hôpital psychiatrique. Une femme de la DPJ est assise à côté de moi, des formulaires dans les mains. Elle me sourit et me répète qu'elle est là pour m'aider. Tout ce que je dois faire, c'est signer ici, ici et là.

Enfin, quelqu'un est là pour moi! Je la remercie du fond de mon cœur et fais tout ce qu'elle me demande.

Je respecte toutes les conditions imposées par la DPJ, je veux à tout prix revoir mes enfants. Par contre, les différents organismes et instances me répètent qu'ils ne peuvent rien pour moi tant et aussi longtemps que je ne déposerai pas une plainte officielle contre mon grand-père. Un jour, sans réfléchir, j'entre dans un poste de police et demande à entamer les procédures.

L'horreur est devenue mon quotidien, je n'ai plus de recul sur ce que j'ai vécu. En racontant mon histoire à un policier, je me vois à travers ses yeux et je prends conscience de tout ce qu'on m'a fait. C'est un choc terrible.

J'habite maintenant une maison d'hébergement, où je rencontre des femmes de différents milieux. L'une d'elles m'invite à la suivre chez son *pusher*, elle lui doit de l'argent, et moi, j'en profiterai pour m'acheter un quart de gramme de cocaïne. Le petit bien-être que ça me procure parviendra peut-être à me faire oublier la perte de mes enfants.

Je me retrouve dans ce qu'on appelle une piaule: une piquerie... Il y a du sang sur les murs, des vieux matelas sales jetés sur le sol, des travestis qui n'ont que la peau sur les os... Un catalogue de tout ce qu'on peut s'imaginer de plus bas. Évidemment, je veux essayer ce qu'eux prennent, c'est-à-dire de l'héroïne. Mais tout le monde refuse de me montrer comment me piquer. J'ai à peine vingt-cinq ans, je suis belle et pimpante: qui voudrait être celui ou celle qui me poussera en bas de la pente ?

Dans la salle de bains, je plante la seringue n'importe où. Puis je recommence, encore et encore : des bosses poussent sur mon corps, mais je ne ressens toujours rien. Le *pusher* en a finalement assez de me voir dépenser mon argent dans le vide et me malmener et il se charge lui-même de ma première injection. Je m'étends dans un coin et ne bouge plus. Quinze minutes plus tard, au coin de la rue, je monte dans la voiture de mon premier client. J'ai besoin d'argent pour recommencer.

Au bout d'une semaine à peine, je me pique au même rythme que les filles qui consomment depuis des dizaines d'années. Mon corps ne vaut déjà plus rien à mes yeux. J'abuse de la drogue comme les hommes ont abusé de moi.

Depuis quelque temps, je fréquente un organisme communautaire appelé le Spectre de rue. On m'y aide à divers égards et on s'assure que je demeure prudente dans ma consommation. Aux divers intervenants, je cache bien mon jeu ; ils me respectent beaucoup, je ne veux pas les décevoir. Ils me considèrent comme la fausse *junkie* et la fausse prostituée. Pour eux, c'est clair : je n'appartiens pas à ce milieu-là – tôt ou tard, je m'en sortirai. Je fais comme si ça me touchait d'entendre ça, mais en réalité, je n'y crois pas. J'ai besoin de la drogue pour survivre et de la prostitution pour arriver à payer ma drogue.

L'enquêteur principal des crimes majeurs du SPVM s'occupe de mon dossier avec une patience d'ange. Il vient régulièrement me chercher dans la rue malgré ma forte intoxication. Il me paye un café, attend que je dégrise et, lorsque je retrouve enfin un discours plus cohérent, il me fait poursuivre ma déclaration. Lors d'une rencontre, il m'avoue que, étant lui-même grand-père de plusieurs petits-enfants, il fera tout pour que justice soit rendue et que mon grand-père soit envoyé en prison.

Je peux consommer de quarante-huit à soixante-douze heures sans interruption. Je n'ai même pas commencé à redescendre que je prépare mon prochain *hit*. Je m'alimente uniquement de lait au chocolat : j'ai l'impression que c'est plus nourrissant que du lait nature. Mon corps fond à vue d'œil.

L'héroïne me procure un sentiment de puissance, je me crois la reine du quartier. En raison de ma beauté, les voitures font la file pour moi, j'ai même le luxe de choisir mes clients. Mais quelques mois plus tard, je suis réduite à l'état de déchet humain. Ma déchéance a été fulgurante. Jamais je n'aurais pensé en arriver là. Une pute de rue, moi ! J'en ai vu, des personnes prostituées à l'air cinglé sur le trottoir, et je dois avouer que je les regardais de haut. Aujourd'hui, c'est moi.

*
**

Un soir que je suis très gelée, je me cache derrière une boîte aux lettres. Je suis convaincue qu'un homme du réseau de mon grand-père me poursuit et que ce n'est qu'une question de temps avant qu'il me trouve et me tue. Je reste là pendant des heures, la tête entre les jambes. Quand je relève les yeux, un agent sort de sa voiture et s'approche de moi. Mon premier réflexe est de l'envoyer chier. Disons que les personnes prostituées n'entretiennent pas un bon rapport avec les policiers : quand ils passent près de nous, ils gardent leur main sur leur arme, comme si nous étions de dangereuses criminelles qui allaient leur sauter à la gorge.

Mais lui me regarde comme une personne.

Il doit se rendre compte de l'état de panique dans lequel je me trouve : mes yeux noirs ne sont jamais parvenus à cacher quoi que ce soit. Tout bas, il me répète de ne pas m'en faire, tout ira bien. Je finis par le laisser s'asseoir à côté de moi. Il jase avec moi pendant quelque chose comme deux heures – j'ai l'impression que ç'a duré la journée entière. Je vais me souvenir de lui toute ma vie.

Je n'arrête pas de consommer pour autant, je ne suis pas prête. Je fais overdose par-dessus overdose, mon corps a atteint ses limites. La drogue m'a permis de survivre, maintenant elle ne veut plus de moi.

Un jour, je rouvre les yeux pour constater que je me trouve à l'hôpital Notre-Dame. Je tremble toute la journée. Ma voisine de lit essaye de m'amadouer en me donnant du chocolat. Tous les jours, elle dépose une tablette à côté de moi et elle retourne regarder la télé. Quand je lui renvoie finalement son sourire, elle s'assoit sur le bout de mon lit et me raconte qu'elle est atteinte du cancer. Elle suit des traitements expérimentaux, c'est ça ou se résigner à mourir.

— On fait un pacte, veux-tu ? Si on m'annonce que je suis en rémission, toi, t'entres en désintox.

— ...

— OK ?

— OK.

Au bout de quelques semaines, j'entends son médecin discuter avec elle dans le corridor. Les rideaux autour de mon lit s'ouvrent, le visage de ma voisine me sourit, lumineux.

Ma thérapie doit commencer le lundi suivant. Je sors de l'hôpital et me dirige tout droit chez mon fournisseur. Je passe la fin de semaine gelée raide sur un vieux matelas. Le lundi matin, au lever du soleil, je suis assise sur les marches devant le débarcadère de l'hôpital, amochée comme jamais.

Ça aura été ma dernière dérape.

Il est hors de question que je touche à la méthadone : je sais que je ne comprendrai qu'à la dure. Ce sont mes choix qui m'ont conduite là, je m'en sortirai grâce à ma force. Je refuse de me considérer comme une victime.

Durant mon sevrage à froid, j'ai l'impression d'être piquée par mille abeilles en même temps. Le matin, on doit m'enlever la peau coincée sous mes ongles.

Les intervenants m'aident à affronter mes démons et, peu à peu, je remets en question mon modèle familial et ma vision du monde. Pourquoi n'ai-je pas dénoncé mon grand-père avant ? Je lâche prise, j'accepte de faire confiance, j'accepte qu'on m'aide. Ma famille n'a jamais rien eu d'une famille, je le reconnais enfin.

Ma thérapie devait durer six mois, je reste finalement au centre pendant un an. Je n'ai plus jamais consommé. Les traitements expérimentaux de ma voisine de lit à l'hôpital Notre-Dame ont sauvé la vie de deux personnes plutôt qu'une.

Les démarches contre mon grand-père progressent et, un beau matin, l'appel que j'attends depuis tant d'années arrive enfin. Daniel, l'enquêteur qui s'occupe de mon dossier depuis quelques années, m'annonce qu'il vient de procéder à l'arrestation de mon grand-père. Il lui a lui-même passé les menottes. Mon grand-père l'aurait regardé en souriant.

— C'est laquelle qui m'a dénoncé ?
Malheureusement, il n'a jamais entendu sa sentence : il est mort deux semaines avant son procès.

⁎

On dit qu'il faut pardonner pour avancer dans la vie. Moi, je n'y crois pas. Je vais haïr ma famille pour le reste de mes jours. Pendant l'enquête, mes oncles, mes tantes et mon beau-père ont admis avoir été au courant de ce que je vivais, mais n'avoir rien pu faire. C'est quelque chose que je n'arrive pas à avaler. Comment peut-on dormir la nuit en sachant qu'une enfant vit ça ?

Comme ma mère, j'étais à bord d'un train qui se dirigeait droit vers la mort. Mais une suite de grains de sable l'ont fait dérailler : mes amies, certains professeurs, le policier qui s'est assis avec moi derrière la boîte aux lettres… tous m'ont amenée à me tenir la tête hors de l'eau alors qu'il aurait été beaucoup plus simple de me laisser couler. Je pense à toutes les filles que j'ai vues perdre pied et abandonner en cours de route et je me rends compte à quel point il m'aura fallu être forte. Que je suis moi-même un grain de sable. Je serai toujours une batailleuse.

Quand je vis des moments difficiles, je me surprends à caresser la cicatrice qu'ont laissée dans mon pied toutes mes injections : l'envie de consommer refait surface. Mon corps demande le désordre et je dois toujours trouver la force pour m'empêcher de retourner dans le trou que la vie m'a creusé.

Il y a un paquet de deuils que j'ai dû faire, entre autres celui de la vraie Chantal, celle que je serais devenue si je n'avais pas subi tout ça. On m'a enlevé quelque chose que je ne retrouverai jamais.

On m'a déjà dit que c'était un gage d'amour d'avoir accepté de laisser mes enfants partir. La vérité, c'est que je ne me le pardonnerai jamais. Je suis aussi dure envers moi qu'envers les membres de ma famille. Ma fille et mon fils sont deux êtres humains que j'ai mis au monde et que je ne verrai pas grandir. Ils ne me veulent pas dans leur vie et, au fond, peut-être que je les comprends. Je regarde leurs photos sur Internet et me dis que, s'il leur arrive un malheur, je ne pourrai pas les aider comme j'aurais voulu qu'on m'aide, que je ne pourrai pas leur dire ce que j'aurais voulu qu'on me dise… Ils sont entre les mains du monde entier à part moi. La voix qui me murmure que je suis coupable depuis mon enfance ne se taira peut-être jamais.

J'ai souvent repensé à Daniel, l'enquêteur qui avait arrêté mon grand-père. Lors d'une conférence que je donnais dans un poste de police, pendant la pause, un homme aux cheveux grisonnants s'est approché de moi, m'a souri.

— Chantal, je suis vraiment fier de toi…

Les coordonnatrices l'avaient invité pour me faire une surprise. Les larmes aux yeux, je l'ai serré dans mes bras et l'ai remercié de tout mon cœur. C'est lui, le premier, qui a cru en moi…

Valérie

L'amour

J'ai grandi dans un petit village québécois typique, quelque part à la campagne. Je me souviens de la couleur des arbres à l'automne, des routes enneigées et de l'odeur de la boue au printemps...

Quand j'ai douze ans, mes parents se séparent et ils vendent la maison familiale pour s'installer en ville, chacun de leur côté. C'est ma mère qui doit s'occuper de moi, et si elle boit déjà beaucoup, ça empire avec le divorce. Je passe presque tout mon temps avec ma meilleure amie – elle habite à huit rues de chez moi et nous nous rejoignons à mi-chemin, à l'arrêt d'autobus. Ensemble, nous allons flâner au centre commercial et fumer des cigarettes dans le parc ; n'importe quoi pour ne pas rentrer à la maison, où ma mère m'attend dans sa robe de chambre avec son haleine de bière.

Depuis que j'ai treize ans, c'est moi qui cuisine pour elle et mes sœurs.

À l'été de mes quinze ans, mon amie et moi rencontrons une gang de gars dans le stationnement d'un dépanneur. Une fois, j'en laisse un me raccompagner à la maison – il s'appelle Steve, je suis tellement fière de me retrouver avec le plus beau. Le lendemain, après ma journée à l'école, il m'attend devant la maison. Puis le surlendemain et le jour suivant... Parfois, il vient me chercher à la polyvalente. Il ne se passe rien entre nous. J'ai beau le trouver à mon goût, je suis encore une adolescente : la fin de semaine, je sors à la discothèque pour les treize à dix-sept ans, je bois une bière en cachette une fois de temps en temps, et c'est tout.

Le jour de mon seizième anniversaire, il m'invite au restaurant. Nous terminons de manger et il se lève et contourne la table pour me rejoindre sur ma banquette. En me regardant dans les yeux, il me dit que je mérite mieux et qu'il pourrait s'occuper de moi. Sa main caresse ma cuisse et je souris.

Il devient mon premier chum sérieux. Je passerais mes après-midi à l'embrasser, au cinéma et dans les parcs, mais ça va beaucoup plus vite que ça. En novembre, il me présente Kim, une escorte dans le début de la vingtaine qui gagne beaucoup d'argent – est-ce que je veux essayer ? Comme il me paye tout, je sens que je lui dois ça – il faut bien que j'apporte ma contribution.

Il me procure de fausses cartes d'identité et, trois jours plus tard, une voiture passe me prendre à la maison. Kim est assise sur la banquette arrière ; elle me donne deux becs sur les joues et nous nous mettons à jaser. J'ai plein de questions à lui poser, elle sourit, et le soleil se couche derrière les immeubles.

Nous nous arrêtons devant un grand édifice luxueux du centre-ville. J'entre dans l'appartement, je dis que je m'appelle Melissa et j'improvise. Puis je retourne dans la voiture, le sourire aux lèvres. Comme si tout allait bien. Je passerais le reste de la soirée au lit, mais un autre client nous a appelés.

Tous les soirs de l'automne, la voiture de l'agence passe me prendre. Depuis la fenêtre de la cuisine, ma mère me regarde monter à bord, hoche la tête et retourne à sa caisse de vingt-quatre. Au bout de quelques semaines, je lui annonce que je quitte la maison – j'emménage avec Steve, mon amoureux, et il va tout me payer.

*∗∗

Je rêvais d'une maison juste pour nous deux, mais en fait nous habitons avec ses frères, trois de ses amis et Kim : nous sommes dix dans un trois et demie ! Comme je suis la plus jeune, on me laisse la chambre à coucher. Kim dort dans le salon, par terre avec le chien, et parfois Steve vient me rejoindre dans mon lit. Je me colle contre lui, les nuits d'automne sont moins froides ainsi.

L'hiver est commencé quand l'agence reçoit un appel pour deux filles. Kim et moi sommes contentes : ça nous sécurise de travailler ensemble, nous pourrons veiller l'une sur l'autre.

Deux hommes assez costauds nous attendent dans un petit deux et demie miteux dans le nord de la ville. L'appartement sent le crack à plein nez, c'est évident que personne n'habite ici : pas de meubles à part deux matelas jetés sur le sol, un sac-poubelle et rien d'autre – c'est un genre de piaule. Nous nous déshabillons et ils se jettent sur nous. Au bout d'un moment, ils se choquent en disant que c'est de notre faute s'ils n'arrivent pas à bander. L'un d'eux s'empare du sac à main de Kim avant de la pousser violemment contre le mur de la salle de bains. Elle referme vite la porte pour se barricader. Moi, je reçois un coup de poing au visage et me mets à hurler. Kim ouvre la porte et me tire à l'intérieur avant de vite refermer derrière moi. Je crie toujours comme une folle et tire de toutes mes forces sur la poignée pour tenir la porte fermée. De son côté, Kim téléphone à l'agence pour demander que quelqu'un vienne à notre secours. Une demi-heure plus tard, nous rouvrons la porte : les deux clients se sont sauvés, je ne sais pas depuis combien de temps.

De retour dans la voiture, Kim et moi ne disons pas le moindre mot. Six mois plus tôt, j'étudiais à la polyvalente, où est-ce que je suis rendue ? Je n'étais pas une élève modèle, disons que personne ne croyait que je deviendrais avocate ou médecin. Mais quand même, ce n'est pas la vie que je m'imaginais. Et je ne peux pas simplement retourner chez ma mère et retrouver ma petite chambre d'adolescente, avec mes affiches et mes vieux toutous. J'ai franchi une ligne et, sans qu'on ait eu à me les expliquer, je connais les règles. En rentrant de travailler, je laisse l'argent que j'ai gagné sur la table sans dire un mot : je le dois à celui qui est passé de mon chum à mon *pimp*. Il faut vivre cette dynamique de l'intérieur pour comprendre. C'est un jeu de rôle, un manège qui tourne tellement vite que tu peux juste te laisser porter. Si tu descends, tu te casses les dents sur l'asphalte.

Je demande à Steve de ne plus faire l'escorte. Je n'ai plus le courage de vivre ce moment où tu te retrouves seule devant une porte close, sans savoir ce qui t'attend de l'autre côté. Il me dit qu'il va voir ce qu'il peut faire puis, quand mon œil au beurre noir est guéri, il m'offre de danser dans les *clubs*. Il me présente à un *booker*, une sorte d'agent pour les danseuses. Il me place dans un bar à gaffes miteux de Saint-Hyacinthe – j'ai seize ans, donc je ne peux pas travailler n'importe où.

Comme je ne gagne pas beaucoup d'argent, Steve me procure de meilleures fausses cartes d'identité et je passe dans les ligues majeures. Mes affaires se mettent à rouler, et pas à peu près. Au bout d'un mois à peine, Steve loue un trois et demie pour moi toute seule. Il vient dormir chez moi de temps en temps, ça me rend heureuse.

Normalement, toutes les filles d'un même *pimp* s'entendent bien les unes avec les autres, et j'imagine que c'est très pratique pour lui. Moi, je ne veux rien savoir des autres. Steve est à moi, je le partage uniquement parce que je n'ai pas le choix. Et comme il s'occupe de plus en plus de filles, je rage en silence.

Un soir, dans un bar à Saint-Jérôme, un client insiste pour baiser par-derrière. Comme toujours, pour m'assurer que le condom tient en place, je le tiens entre mon pouce et mon index, mais au bout d'un moment, je sens quelque chose d'anormal. J'insiste pour que le client se retire : *fuck*, le latex s'est déchiré ! Je retourne danser, un sourire plaqué sur mon visage. Plus la soirée avance, plus je suis convaincue d'avoir contracté le sida.

Ce soir-là, en rentrant, je vomis tout ce que j'ai mangé. Pour arriver à me calmer, j'avale des Gravol et ça devient vite une habitude. Je prends un comprimé pour dormir, un autre le lendemain avant de partir travailler, un autre à la moitié de mon *shift*... Je vis comme ça, sur le respirateur artificiel des Gravol, jusqu'à mes dix-huit ans.

Le temps passe et je suis hantée par le souvenir de ce condom déchiré. Je suis toujours aussi convaincue d'être malade. Sauf que je n'ai ni carte d'assurance maladie, ni numéro d'assurance sociale, ni compte bancaire: tous mes papiers sont contrefaits, alors je ne peux pas me présenter à la clinique et demander de passer un test de dépistage. Je ne suis personne: je dépends de Steve.

Un matin, je me réveille en larmes. Si Steve refuse encore de me laisser consulter un médecin, il va me perdre: pas parce que je vais le quitter, mais juste parce que je ne suis plus capable de fonctionner. Il se résigne à me donner 200 dollars et à m'accorder une matinée de congé: il m'attendra à 13 heures au *club*. Dans le taxi, je serre les billets dans ma main et me répète que ça va aller. Après avoir payé le chauffeur, il me reste 185 dollars. À la clinique, on me dit que, sans carte d'assurance maladie, la consultation va me coûter 150 dollars. Je raconte au médecin que je suis convaincue d'avoir le sida et que je suis à bout: je tremble tout le temps, je respire mal, j'ai l'impression que mon cœur va me lâcher... Il me remet un papier pour un test de dépistage, une ordonnance pour des calmants, il collecte mon argent et c'est tout: aucune question posée sur le fait que j'ai l'air d'une adolescente, que je suis arrangée comme une *guidoune* et que je n'ai aucune carte d'identité.

Mes pilules coûtent une quarantaine de dollars, il ne m'en reste que 35. Je prends mon courage à deux mains et marche jusque chez ma mère, qui habite à quelques coins de rue: parce que c'est la seule clinique que je connais, je suis allée là où j'allais quand j'étais petite et que je souffrais d'une otite du baigneur ou d'un mal de gorge. Devant la porte de la maison, j'essuie tant bien que mal le mascara qui coule sous mes yeux et je cogne. Quand ma mère m'ouvre, elle me regarde avec un mélange de tristesse et de mépris. Les yeux au sol, je lui demande de l'argent, et elle rit en hochant la tête.

— Ton chum est pas censé tout payer pour toi ?

Ma mère essaie de m'aider depuis que je suis partie. Je l'ai informée que je dansais, mais pas un mot à propos de la prostitution – je n'aurais pas été capable de lui dire ça, comment est-ce qu'on dit ça à sa mère ? Je l'ai avertie et je me suis montrée très claire : si elle devait contacter la DPJ ou la police, je partirais dans une autre ville, voire un autre pays, et elle ne me reverrait plus jamais la face. Elle a jugé qu'il valait mieux piler sur ses valeurs et me garder près d'elle, pour continuer à veiller sur moi à distance.

Elle me donne une centaine de dollars en me faisant promettre que je vais prendre soin de moi, puis je retourne à la pharmacie. Sur l'étiquette du pot de pilules que j'achète, je lis : « À prendre au besoin. » J'ai envie d'avaler tous les comprimés d'un coup.

Les calmants font effet et je redeviens fonctionnelle. Quand le printemps arrive, Steve débarque à la maison avec une montagne de vêtements. Avec un air solennel, il m'annonce qu'il emménage avec moi. Le soleil brille, c'est une des plus belles journées de ma vie. Enfin, il est à moi ! Je deviens sa femme !

*
**

Un de mes clients habituels me confie un soir que son épouse est atteinte du cancer, phase terminale. Puis, quelques semaines plus tard, qu'elle est décédée. Je le prends dans mes bras et, les yeux rouges, il m'invite au restaurant – il a besoin de jaser avec quelqu'un, il ne sait pas pourquoi il se tourne vers moi, peut-être parce qu'il n'a personne d'autre. Pendant un instant, je ne suis plus une danseuse, lui n'est plus un client. Je ne me souviens pas de la dernière fois que je me suis sentie comme ça : comme un être humain.

En montant dans son auto, je vois passer la voiture du frère de Steve ; elle ralentit à notre hauteur. Trente secondes plus tard, mon cellulaire sonne.

— Mon *ostie* de pute, rentre à la maison, tu vas en manger toute une !

Les idées se bousculent dans ma tête alors que je cours jusqu'à l'arrêt d'autobus, je ne sais même pas si j'ai dit au revoir au client. Quand j'arrive à la maison, Steve m'attend assis sur le lit, les jambes croisées. Il prend le temps d'enlever ses bagues, une par une. Il les pose sur la table de chevet puis s'élance pour me frapper. Son premier coup me propulse au sol. Il s'assoit sur mon torse et continue de me battre. Entre les coups, je le supplie :

— Je t'aime ! Je t'ai pas trompé !

Son frère assiste à la scène et finit par protester :
— Lâche-la ! *Fuck*, tu vas lui défoncer la face !

Steve va fumer dehors. Moi, je pleure, la tête sous l'oreiller. Il revient quelques minutes plus tard ; il s'assoit à mes côtés, s'excuse en me flattant les cheveux… Je lui souris. Je compte donc pour lui ?

— Ben oui, mon bébé.

Je l'embrasse sur la cuisse, puis j'avale un calmant et deux Tylenol pour réussir à m'endormir.

Le lendemain matin, en me regardant dans le miroir, je ne vois pas mon œil gauche et le droit s'ouvre à peine. Tout mon visage est enflé, mais la seule chose qui m'inquiète vraiment, c'est Steve : je ne pourrai pas travailler pendant un petit bout de temps – pas *amanchée* de même, aucun fond de teint ne pourrait camoufler les ecchymoses sur mon visage –, j'espère qu'il ne sera pas fâché.

Sa sœur manque souvent l'école pour regarder la télévision avec moi. Ce jour-là, en voyant mon visage contusionné, elle se fige : qu'est-ce que son frère m'a fait ? Elle téléphone à son père et lui apprend dans quel état je suis. Il se pointe chez moi une heure plus tard. Il saisit mon menton entre son pouce et son index et, en me regardant dans les yeux, me promet que Steve va regretter ce qu'il m'a fait. Il repart sans rien ajouter.

Quand Steve revient, il crie : pourquoi est-ce que je l'ai dénoncé à son père ? En pleurant, j'essaie de lui expliquer que je n'ai rien dit, que c'est sa sœur qui a appelé ses parents, mais j'ai la mâchoire disloquée et je peine à m'exprimer.

— Excuse-moi, je t'aime !

Plus tard dans la journée, un homme cogne à la porte. Je regarde par la fenêtre, ce n'est pas quelqu'un que je connais. Il cogne à nouveau, il sait que je suis là, dit-il : il est policier et, si j'ai besoin de quoi que ce soit, je peux lui faire confiance. Sans réfléchir, je lui ouvre la porte. Il me regarde avec de gros yeux, et je me rappelle tout à coup que mon visage est bleu, mauve et jaune. Il me tend sa carte et me fait promettre de l'appeler si j'ai besoin d'aide. Je l'insulte et lui ferme la porte au nez. S'il pense que je vais me confier à un cochon…

Qu'est-ce qu'il sait ? S'il est venu devant ma porte, c'est qu'il est au courant des activités criminelles de Steve. Je pourrais lui demander de l'aide, après tout, il est là pour ça – il est là *pour moi* –, mais depuis que j'ai seize ans, mes journées consistent à me lever l'après-midi, aller au salon de bronzage, manger au restaurant, danser jusqu'à 3 heures du matin, rentrer et dormir. Je ne peux pas imaginer ma vie en dehors de ce cycle-là.

Au bout d'une semaine, quand mon visage commence à désenfler, Steve m'achète une trousse de maquillage : il est temps de retourner travailler. Je suis exténuée, je finis par manquer de pilules et mes crises d'anxiété réapparaissent.

Un soir, Caro, une des filles du frère de Steve, me téléphone : elle n'a plus d'électricité, est-ce qu'elle peut venir dormir chez moi ? Nous nous connaissons depuis longtemps, elle et moi : nous avons fait de l'escorte ensemble et, dans la voiture, nous nous amusions à imiter les clients les plus dégueulasses. Évidemment, avant de lui répondre quoi que ce soit, parce que je ne veux pas manger une autre volée, j'appelle Steve et lui demande la permission. Je le préviens désormais du moindre de mes faits et gestes.

— Oui, oui. Pas de problème.

Mon amie et moi passons la soirée à fumer des joints, couchées dans le gazon devant l'église. Nous regardons les étoiles, rions pour rien... Derrière les immeubles, le soleil commence à se lever. Je parle sans réfléchir, les mots me sortent presque tout seuls de la bouche :

— Il faut qu'il meure ou qu'il aille en prison. Moi, je suis plus capable de vivre comme ça.

Nous allons nous coucher et, une heure plus tard, des lumières bleues et rouges illuminent les murs de ma chambre. À travers les rideaux, je vois quelque chose comme une douzaine de voitures de police. Des agents cognent à ma porte : ils ont un mandat, Steve vient d'être arrêté.

Ils fouillent l'appartement de fond en comble. Ils défoncent les divans, arrachent le tapis, découpent les doublures des manteaux... Je leur crie d'arrêter, gang de mongoles ! Quand ils trouvent un fusil et un sac plein de drogue, je me laisse tomber dans un fauteuil et ne dis plus rien. Ça, c'était dans ma maison ?

Les policiers me demandent de les accompagner. Quand j'arrive au poste, nous devons bien être une trentaine, les corridors sont pleins de personnes prostituées et de *pimps*. En tout, cinq ou six maisons ont été perquisitionnées. Tout le monde est là : les frères comme les parents de Steve. Les parents aussi ont été arrêtés pour proxénétisme, toute la famille est impliquée dans cette *business*...

Devant moi se trouve le même homme qui est venu me porter sa carte chez moi. Il me pose des questions, et moi je refuse de répondre : il n'a rien contre moi, je ne suis pas en état d'arrestation, donc je ne suis pas forcée de témoigner.

— Les cochons dans ton genre, je vous *haïs* toute la gang !

Au bout de deux heures, il me laisse partir. Je monte dans un taxi et demande au chauffeur de m'emmener à la SAQ, où je m'achète deux grosses bouteilles de porto. Assise dans les escaliers devant chez moi, je me soûle la gueule sous le soleil de juillet.

Deux jours plus tard, toutes les filles du clan débarquent chez moi avec les oiseaux de la mère de Steve. Ça parle fort, ça se demande ce qu'il faudrait faire en attendant le retour des hommes, et les perruches crient et leurs ailes claquent contre les barreaux des cages. Caro et moi nous lançons des regards : si l'occasion se présente, nous partons d'ici.

Comme tout le monde veille sur tout le monde, je dois jouer le jeu et, le lendemain, je retourne travailler. En rentrant, je donne l'argent que j'ai gagné à la petite sœur de Steve. Quand je la vois tout flamber en vêtements et en bijoux, ça me met en colère. Je ne veux plus rien savoir de ce milieu-là.

Un jour, une des filles me tend son téléphone. C'est Steve, il veut me parler. Il crie au bout du fil : comment ça se fait que je ne me suis toujours pas procuré de cellulaire à carte comme les autres ? Ça fait une semaine qu'il est en dedans et, pour la première fois de ma vie, j'ai la force de lui répondre : sa sœur a dépensé tout l'argent et je suis prise avec une légion de filles et une dizaine de perruches sous mon toit ! Je n'en peux plus ! Il me dit de lui passer sa sœur. Le lendemain matin, elle me donne un cellulaire à carte, la tête basse.

Steve a encore beaucoup d'emprise sur moi. Même s'il n'est pas là physiquement, j'ai l'impression qu'il surveille le moindre de mes faits et gestes. Et même si c'est fou, il faut que je m'avoue que je l'aime encore – c'est une forme d'amour qui ressemble à la prison, je n'arrive pas à me libérer de mes sentiments. Pour l'aider, je rallie toutes les filles qui travaillent pour lui et, ensemble, le jour de sa comparution, nous nous présentons en cour pour le soutenir. Comme un paquet de groupies. Des journalistes viennent nous voir pour nous interviewer, ils veulent savoir ce que nous faisons là, ce que nous voulons, mais nous les accueillons avec une pluie de coups de sac à main et d'injures. Ç'a passé dans le journal, j'ai collé l'article dans mon *scrapbook*.

Quand les parents de Steve sortent de prison, ses sœurs et les autres filles partent avec les perruches. Je ne perds pas deux secondes et j'appelle ma mère pour lui demander de venir chercher mes affaires – je pense que je crie, d'une part parce que je suis nerveuse, il faut se dépêcher, d'autre part parce que je suis habituée à devoir hausser le ton pour me faire entendre au milieu de toutes les perruches qui piaillaient dans la maison.

Je laisse les clés dans la boîte aux lettres, et mon amie et moi nous sauvons en Ontario. La voiture roule vers l'ouest, le soleil se lève derrière les immeubles, j'ouvre la vitre et lance mes deux cellulaires : celui à carte et celui à mon nom. Steve ne peut plus me joindre, j'ai disparu dans le décor. Mon amie fait la même chose, et nous nous laissons tomber dans nos sièges puis je monte le volume de la radio.

À Sarnia, nous fêtons sans arrêt. Je sais que je ne peux pas passer ma vie à travailler dans les bars de danseuses, mais je ne sais rien faire d'autre et j'ignore par où commencer pour me virer de bord. Dans le stationnement derrière le bar où je travaille maintenant, un homme me bat et me vole l'argent que j'ai gagné. Je me traîne jusque dans une cabine téléphonique et j'appelle ma mère à frais virés.

Je m'installe chez elle, dans le même quartier où, adolescente, j'ai rencontré Steve. J'évite certaines rues et je regarde toujours derrière moi. Je commence une thérapie avec le Centre d'aide aux victimes d'actes criminels (CAVAC), et bientôt j'arrête de danser.

Le policier qui est venu me demander si tout allait bien dans mon ancien appartement passe me voir régulièrement ; il veut que je témoigne en cour contre Steve et sa famille. Je refuse chaque fois, j'ai trop peur et je n'aime pas vraiment les policiers.

Mais il se montre gentil, beaucoup plus gentil que le gars dont je me dis encore amoureuse, et l'idée commence à faire du chemin dans ma tête. Au bout d'un an, il m'annonce qu'il a maintenant un mandat contre moi : si je ne témoigne pas, il devra m'arrêter.

Steve a écopé de six ans de prison. Je n'ai pas témoigné au tribunal, le seul enregistrement de ma déposition a suffi. Le programme d'indemnisation des victimes d'actes criminels (IVAC) m'a ensuite permis de déménager loin du quartier où j'avais passé mon adolescence, loin du coin de rue où tout avait commencé.

***

Nous sommes restés proches, Daniel, le policier en question, et moi. Quand ma vie s'est remise sur les rails et que j'ai commencé à gagner de l'argent, je l'ai appelé pour lui dire que je venais de m'acheter une paire de souliers ! C'était la première fois que je m'achetais quelque chose. Quand je me prostituais, je gagnais beaucoup d'argent, mais je n'en voyais jamais la couleur. Jamais je n'avais été aussi riche que maintenant, je suis même partie en voyage.

***

Au bout de quelques mois, j'ai rencontré Terry. Ça fait maintenant six ans que nous sommes ensemble et je vais bientôt accoucher de notre deuxième enfant.

Pour garder une trace de ce que je vis, j'ai commencé à tenir un journal de bord. La première page va comme suit :

Le 27 novembre 2005
Je suis nerveuse ces temps-ci. Je change ma vie complètement et ça me fait peur. Ça va bien aller, j'espère. Je vais m'inscrire à l'école. J'ai vraiment envie d'avoir une job que j'aime. Je vais faire de gros efforts pour réussir. Je ne sais pas ce que je veux faire comme travail, mais tout le monde me dit que j'ai le temps d'y penser; c'est sûrement vrai. Il faut que j'arrête de stresser. Tout va bien aller... En tout cas, j'espère. Je souhaite ne plus jamais revoir Steve de toute ma vie.

Quand je relis la dernière page de mon journal, je me rends compte de tout le chemin parcouru :

Le 15 novembre 2012
Je suis dans ma trente-quatrième semaine de grossesse. J'ai hâte que ça finisse. Terry travaille comme un fou. On va passer un super Noël. J'ai hâte de voir la petite déballer ses cadeaux. Elle est rendue à dix-huit mois, ça passe tellement vite. J'ai hâte de voir comment elle va réagir à l'arrivée de sa petite sœur. Terry est merveilleux. Il est un père fantastique et un chum super. Je suis très chanceuse d'avoir une aussi belle petite famille.

Mon histoire n'a rien d'un conte de fées, mais ça finit par : « Ils vécurent heureux et eurent beaucoup d'enfants. » Et c'est tout ce qui compte...

Les CAVAC[6]

Des intervenants formés pour t'épauler

Si tu te reconnais dans l'une des histoires de ce livre, sache qu'il existe des ressources pour t'aider. Au centre d'aide aux victimes d'actes criminels (CAVAC), des intervenants sont là pour t'écouter, t'informer, t'assister, t'accompagner, et ce, sans te juger.

Tu n'es plus seule.

Beaucoup plus de filles que tu le penses ont vécu des expériences similaires à la tienne. En cherchant de l'aide, elles ont rencontré des gens qui les ont soutenues, et plusieurs s'en sont sorties.

À partir du moment où une personne tente de prendre le pouvoir sur toi en utilisant des formes de **violence verbale, psychologique, physique ou sexuelle**, lesquelles peuvent s'exprimer par des gestes, des paroles, ou même un simple regard intimidant ou menaçant, n'hésite pas à demander de l'aide.

---

6. Centres d'aide aux victimes d'actes criminels.

C'est une épreuve qui peut te sembler une montagne insurmontable et, parfois, tu voudras baisser les bras. Toute seule, il se peut que tu te sentes impuissante et que tu ne voies plus les options qui s'offrent à toi. Tu as pu avoir l'impression de ne plus te reconnaître et de « devenir folle »... **Rappelle-toi qu'exploiter quelqu'un sexuellement ou même financièrement en le forçant à travailler sans lui permettre de retirer les fruits de son travail, c'est criminel !**

En appelant dans un CAVAC, tu pourras te confier à un professionnel, lequel va tenter de comprendre tes difficultés sans te juger. Il pourra aussi t'expliquer plusieurs réactions qui, à première vue, peuvent t'apparaître anormales.

L'AIDE DU CAVAC EST CONFIDENTIELLE ET GRATUITE !

Un intervenant évaluera avec toi ce dont tu as besoin pour reprendre le contrôle de ta vie. Il pourra te rencontrer, t'écouter, t'aider, t'informer, te conseiller, te soutenir et t'accompagner dans tes démarches.

Être victime d'un acte criminel a beaucoup de répercussions sur une vie. Pour t'aider à faire face aux nombreux défis qui se présenteront, les centres d'aide (CAVAC) travaillent en collaboration avec plusieurs organismes ressources : les CLSC, les maisons d'hébergement, les centres d'aide et de lutte contre les agressions à caractère sexuel (CALACS), etc.

Tu peux aussi te tourner vers les policiers : un de leurs rôles est de veiller sur la sécurité des gens et d'arrêter les personnes qui contreviennent aux lois. Par contre, il est très important que tu saches que **tu n'es pas obligée de porter plainte à la police pour recevoir de l'aide.**

Si tu prends la décision de porter plainte à la police, l'intervenant du CAVAC te soutiendra et, au besoin, t'accompagnera. Si tu dois témoigner à la cour, il est aussi disponible pour t'aider à te préparer et il pourra même se rendre avec toi au tribunal.

Il est important de retenir que les intervenants du CAVAC sont là pour t'aider, et ce, peu importe où tu en es dans ton cheminement.

NOUS SOMMES FORMÉS POUR T'ÉPAULER!

Au centre d'aide (CAVAC), nous intervenons avec compréhension et respect de la dignité, de la vie privée et du rythme de la personne touchée par un crime : elle demeure le seul maître d'œuvre de son cheminement.

Pour joindre les CAVAC :
Numéro sans frais : 1 866 LE-CAVAC
(ou 1 866 532-2822)
Pour Montréal : 514 277-9860
Services gratuits et confidentiels (disponibles en français, en anglais et en espagnol)
Site web : www.cavac.qc.ca

Nous, les policiers

Le rôle du policier est de protéger la vie et les biens des citoyens ; de maintenir la paix et la sécurité publique ; de prévenir et de combattre le crime et de faire respecter les lois et les règlements en vigueur.

Dans le cas précis des dossiers d'exploitation sexuelle, des enquêteurs spécialisés sont responsables de rencontrer les victimes de ce crime. Ces enquêteurs établiront **avec elles la meilleure approche** afin d'assurer leur sécurité et leur bien-être. Il faut bien comprendre que cette rencontre ne mène pas dans tous les cas à l'arrestation d'un individu. Rencontrer un enquêteur ne veut pas nécessairement dire porter plainte !

Les enquêteurs responsables des dossiers d'exploitation sexuelle n'ont qu'une seule préoccupation : le bien-être de la personne qui se trouve devant eux. Si la meilleure solution n'est pas de porter plainte, aucune plainte ne sera enregistrée. La victime sera dirigée vers les personnes qui sont les mieux placées pour l'aider.

Dans le cas où la plainte est retenue comme étant la meilleure approche par la victime et le policier, l'enquêteur s'assurera de faire appliquer les articles du Code criminel afin de protéger la victime du suspect ou du proxénète. Tout est mis en œuvre pour éviter que ce dernier la contacte ou l'intimide.

Tout au long de ces procédures, les enquêteurs, en collaboration avec divers partenaires (les procureurs, les CAVAC, les maisons d'hébergement, les centres jeunes, Jeunesse au Soleil, etc.), s'assureront que la victime et son entourage sont soutenus avant, pendant et après le déroulement de l'enquête.

L'équipe d'enquête, quant à elle, dispose de nombreuses techniques afin d'amasser les preuves nécessaires : il faut éviter que l'ensemble de la cause repose sur le seul témoignage de la victime.

Dans plusieurs de nos dossiers, nous constatons que la majorité des suspects/proxénètes font plus d'une victime. Le simple fait de porter plainte déclenche une série de dénonciations et d'accusations qui peuvent en aider plus d'une. En effet, amener ces criminels devant les tribunaux les oblige à répondre de leurs actes et les empêche de faire d'autres victimes.

∗∗∗

Il est essentiel que les services policiers soient à l'affût de ce type de criminalité et connaissent bien le phénomène. Les victimes subiront longtemps, voire jusqu'à la fin de leur vie, les lourdes séquelles de ce qu'elles ont vécu.

Au Québec, nous avons adopté le principe voulant que la victime soit au centre des interventions des policiers. Cela a grandement contribué à faire augmenter le nombre de dénonciations et d'accusations. Cette façon de travailler a encouragé plusieurs victimes à porter plainte contre leur proxénète et a donné de bons résultats. Celles qui décident de porter plainte ne sont désormais plus seules.

*
**

Si tu te reconnais en tant que victime et que tu as l'intention de rencontrer un enquêteur, garde en tête que cette démarche ne t'engage à rien. Ces enquêteurs spécialisés ont réalisé des centaines d'enquêtes de ce genre. Ils ne porteront aucun jugement quant à ta situation ou à l'histoire que tu pourrais leur raconter. L'important, c'est que tu y voies la possibilité de trouver des réponses à tes questions et tes insécurités. Tu seras en mesure de faire des choix plus éclairés.

Les policiers sont là pour ta sécurité et ton bien-être.

En cas d'urgence, tu peux composer le 911, contacter ton poste de quartier pour parler à un policier ou encore t'informer sur le site spvm.qc.ca.

Dominic Monchamp, sergent-détective
Superviseur moralité
Section des enquêtes multidisciplinaires
et coordination jeunesse, région ouest
Service de police de la Ville de Montréal

La loi et toi

Si tu veux en savoir davantage à propos des ressources qui te sont offertes, voici des informations juridiques supplémentaires.

Le Directeur des poursuites criminelles et pénales

Le Directeur des poursuites criminelles et pénales (DPCP) a pour mission de fournir, au nom de l'État, un service de poursuites criminelles et pénales indépendant, contribuant à assurer la protection de la société, dans le respect de l'intérêt public et des intérêts légitimes des victimes.

Dans l'exercice de ses fonctions, le Directeur des poursuites criminelles et pénales peut compter sur une équipe de procureurs aux poursuites criminelles et pénales aussi appelés «procureurs de la Couronne».

Le procureur aux poursuites criminelles et pénales est un avocat qui agit comme poursuivant pour l'État. Il ne représente donc pas les victimes et n'agit pas à titre de conseiller juridique auprès d'elles. Ses pouvoirs et fonctions sont définis dans la Loi sur le Directeur des poursuites criminelles et pénales, une loi provinciale entrée en vigueur le 15 mars 2007. Le travail des procureurs se fait selon des directives qui leur servent de guide dans l'exercice quotidien de leurs fonctions, dont l'autorisation des plaintes.

Un rôle de conseil auprès des policiers
Il est important de mentionner que le procureur ne recueille pas la plainte d'une victime ou des éléments de preuve de la part d'un citoyen. Cette fonction d'enquête appartient en exclusivité aux services policiers.

Toutefois, dans l'exercice de ses fonctions, le procureur peut conseiller les policiers pendant une enquête. Lorsque celle-ci est terminée, et selon ses conclusions, les policiers remettent au procureur leur rapport.

L'autorisation d'une poursuite
Dans le cadre d'un dossier soumis par les policiers, le procureur doit donc analyser le rapport d'enquête afin de déterminer si la preuve recueillie est suffisante pour déposer des accusations et s'il est opportun de le faire. Il peut également demander aux policiers un complément d'enquête sur certains aspects du dossier.

À la suite de l'examen de l'ensemble de la preuve, c'est au procureur, et à lui seul, qu'appartient la décision d'autoriser ou non la poursuite criminelle. C'est également le procureur qui décide quelles accusations seront déposées devant le tribunal.

La décision de porter des accusations doit être prise par le procureur en tenant compte autant des intérêts du public que de ceux de la victime et de l'accusé. C'est bien sûr une décision lourde de conséquences pour toutes les personnes en cause. Dans les dossiers de crime à caractère sexuel, le procureur rencontrera généralement la victime avant d'autoriser la poursuite.

Il peut aussi arriver que le procureur, à la suite de son analyse, conclue qu'il n'y avait pas lieu d'entreprendre de poursuite. En matière criminelle, la preuve doit convaincre un juge, hors de tout doute raisonnable, qu'une infraction criminelle a été commise. Parfois, la preuve n'est pas suffisante pour soutenir de telles accusations. Cela ne signifie pas pour autant qu'aucun crime n'a été commis ou que la personne n'a pas été victime d'une infraction. Néanmoins, la victime peut demander à connaître les raisons au soutien de la décision du procureur en s'adressant à l'enquêteur ou en demandant à rencontrer le procureur.

La relation du procureur avec les victimes et témoins

Les victimes ont besoin d'être rassurées au sujet du système de justice criminelle. Elles ont plusieurs questions, notamment sur le fonctionnement du processus judiciaire, leur rôle et leur participation au sein de celui-ci. La collaboration des victimes et des témoins est essentielle au procureur pour qu'il soit en mesure de bien soutenir les poursuites devant les tribunaux.

Bien qu'il ne soit pas l'avocat des victimes et des témoins, le procureur veille à prendre en compte leurs intérêts légitimes et leurs préoccupations. Le procureur doit s'assurer, dès le départ, que les victimes comprennent bien son rôle. Il doit de plus favoriser leur participation au processus judiciaire en leur permettant, par exemple, d'en suivre les différentes étapes. À cet égard, le procureur peut compter sur la collaboration des centres d'aide aux victimes d'actes criminels (CAVAC) dont le mandat vise, entre autres, à informer les victimes des décisions les concernant durant tout le processus judiciaire.

La victime a également le droit d'être accompagnée d'une personne en qui elle a confiance et qui pourra la soutenir durant tout le processus judiciaire.

Plusieurs victimes ont besoin de se sentir protégées. Elles craignent des représailles de leur agresseur et ne veulent pas avoir de contact avec celui-ci. Selon les circonstances, le procureur pourra ainsi demander au tribunal l'imposition de certaines mesures de protection à l'égard de la victime, telle la détention préventive de l'accusé durant toute la durée des procédures. En effet, lors de la remise en liberté d'un accusé, le procureur évaluera le risque de récidive que présente cette personne ainsi que les dangers qui peuvent en résulter. Il doit donc toujours considérer la préservation de la sécurité des victimes et des témoins de l'infraction comme un facteur primordial dans la décision de s'opposer à la remise en liberté.

Le procureur peut aussi demander au tribunal que des conditions de remise en liberté soient imposées à l'accusé, telles que l'interdiction de communiquer avec la victime et ses proches ou de se trouver à proximité de son lieu de résidence et de travail. D'autres conditions peuvent être imposées à l'agresseur selon les circonstances.

Certaines victimes se sentent parfois ambivalentes envers leur agresseur. Il arrive qu'une victime désire retirer sa plainte ou refuse de témoigner dans une procédure criminelle intentée contre l'auteur de l'acte de violence. Dans de telles circonstances, la victime pourra compter sur le soutien des intervenants du CAVAC et celui du procureur qui la rencontrera et l'informera de la procédure judiciaire à venir et de l'importance de son témoignage afin que l'agresseur puisse être jugé par le tribunal.

Les mesures visant à faciliter le témoignage
Parce que leur participation aux procédures implique qu'elles auront à témoigner et par conséquent à être confrontées à leur agresseur, certaines victimes ont peur, alors que d'autres considèrent qu'elles pourront lui signifier qu'elles ont repris le contrôle de leur vie.

Le procureur est conscient que l'obligation de témoigner peut susciter des craintes chez une victime ou un témoin. Il doit aussi prendre les mesures utiles pour éviter leurs assignations répétées et minimiser les inconvénients qu'ils peuvent subir.

Aussi, le procureur veille à ce que la victime ou le témoin se sentent en sécurité et soient protégés contre toute manœuvre d'intimidation le jour de l'audition. Des espaces peuvent être prévus afin d'éviter que les victimes rencontrent l'accusé lorsqu'elles attendent pour témoigner.

Il est normal pour une victime de se sentir nerveuse avant de faire son témoignage. Certaines personnes ont peur de ne pas être crues et que l'accusé soit acquitté. Le procureur doit être attentif aux préoccupations des victimes qui doutent d'être traitées avec équité dans le déroulement des procédures judiciaires. Il veillera à les rassurer et à répondre à leurs interrogations.

Le jour du procès, le procureur pourra s'adresser au juge selon les circonstances afin que des mesures visant à faciliter le témoignage des victimes et des témoins soient mises en place. Par exemple, le procureur pourra demander au juge de sauvegarder la confidentialité des coordonnées des personnes appelées à témoigner. Le juge pourra aussi ordonner qu'une victime témoigne derrière un écran pour qu'elle ne voie pas l'accusé. Le procès pourra également se dérouler à huis clos dans certains cas.

Lorsque la victime témoigne, le procureur doit s'assurer que les interrogatoires ne sont ni vexatoires ni abusifs; la victime a le droit d'être traitée avec respect par les divers intervenants. Le rôle de la victime est de rapporter au tribunal ce qu'elle a vécu, car le juge qui aura à décider de la culpabilité de l'accusé sera attentif à ce qu'elle aura à dire.

La détermination de la peine
L'accusé peut toutefois reconnaître sa culpabilité à tout moment lors des procédures judiciaires. Une négociation de non-contestation de l'accusation peut aussi intervenir entre la défense et le procureur responsable du dossier. Dans les crimes à caractère sexuel, le procureur informera la victime préalablement, avant de conclure une telle entente. Cette négociation permet parfois d'éviter le procès et d'amener l'agresseur à reconnaître sa culpabilité sans que la victime ait à témoigner.

Le procureur doit, dans tous les cas, s'assurer que les recommandations liées à la détermination de la peine tiennent compte de la sécurité et du point de vue des victimes quant aux conséquences du crime sur leur vie. Il doit également se rappeler que la peine doit répondre notamment à deux impératifs : dénoncer le caractère inacceptable et criminel du délit et accroître la confiance des victimes et du public dans l'administration de la justice.

Aussi, lors de ses observations sur la peine, le procureur s'assurera que le tribunal dispose des éléments nécessaires pour lui permettre d'imposer une peine représentative de la gravité des faits survenus.

Lors de l'audience de détermination de la peine, la victime a le droit de s'adresser en personne à la cour afin de faire part des conséquences que le crime a eues sur sa vie. Elle pourra aussi décrire au juge, à l'aide de la « Déclaration de la victime », les dommages qu'elle a subis.

Cette étape est importante pour la victime, car elle a alors l'occasion de se faire entendre auprès du juge et de l'accusé. Elle permet aussi à la victime de participer à la détermination de la peine qui sera imposée à l'accusé, car le juge doit en tenir compte lorsqu'il ordonne sa sentence.

En conclusion, l'engagement du procureur auprès des victimes et des témoins dans le cadre du processus judiciaire est constant. Le procureur est bien conscient que l'implication des victimes dans le système judiciaire peut représenter un passage difficile. Leur contribution est pourtant essentielle afin que le procureur soit en mesure de bien assurer les poursuites entreprises devant les tribunaux et de veiller à leur protection.

Me Melissa-Ann McFarland
Procureure aux poursuites criminelles et pénales
Directeur des poursuites criminelles et pénales

Remerciements

Nous aimerions remercier Daniel Loiseau. Sans son approche et sa grande humanité, notre projet n'aurait probablement pas été possible.

Ce livre n'aurait pu voir le jour sans la participation de six jeunes femmes exceptionnelles, qui inspirent au quotidien l'équipe du projet *Les Survivantes – SPVM*. Mégane, Cindy, Marie-Michelle, Mia, Chantal et Valérie : un immense MERCI pour votre honnêteté, votre courage et votre résilience. Vos histoires et vos cheminements respectifs permettront très certainement d'aider d'autres filles.

Vos récits sont importants, vos témoignages peuvent faire une différence. Une victime à la fois.

Diane et Josée

Suivez les Éditions Publistar sur le Web :
www.edpublistar.com

Cet ouvrage a été composé en Lino Letter 11/14
et achevé d'imprimer en janvier 2015
sur les presses de Marquis Imprimeur, Québec, Canada.

certifié   procédé   100% post-   archives   énergie
          sans chlore   consommation   permanentes   biogaz

Imprimé sur du papier 100 % postconsommation, traité sans
chlore, accrédité Éco-Logo et fait à partir de biogaz.